Voklamark
Frankenmarkt
St. Georgen
Buchberg
Weyregg
Alt Münster
Neukirch
Traun See
Traunstein
Grünau
Zell
Mondsee
Thalgau
St. Lorenz
Steinbach
Traunkirchen
Höllen Gb.
Weissenbach
St. Gilgen
St. Wolfgang
ISCHL
Todtes Gb.
Sulzbach
Laufen
Goisern
Alt Aussee
Aussee
Oberndorf
Mitterndorf
Grimmin
HALLSTADT
Gosau
Abtenau
Gosausee
Annaberg
Kammer Gb.
Gröbming
Ramsau
Pass Mandling
Eichel
Haus
Schladming
Enns
RADSTADT
Altenmarkt
Flachau
Wagrein
Radst. Tauern
Lessach
Weissbriach
Mauterndorf
St. Michael
Tamsweg
Ramingstein
Prödliz

Weihe der Prangstangen für die Prozession in Zederhaus

Clemens M. Hutter

Pilgerwege im Salzburger Land

Kultstätten – spirituelle Orte – Jakobswege – Wallfahrtsziele – Brauchtumsplätze

Tyrolia-Verlag · Innsbruck-Wien

Blick von der Neubichleralm auf Johannishögl und Untersberg

Pilgern – Auf dem Weg zu sich selbst

Der bedeutende österreichische Arzt, Logotherapeut und Alpinist Viktor Frankl begrüßte vor drei Jahrzehnten die neue Welle des Wanderns und Bergsteigens als Hilfe, dass Menschen der Sinnkrise in einer materialistischen Welt entkommen: Die Bergsteiger, so meinte er, stellten sich freiwillig Hürden in den Lebensweg, um sie zu überwinden und dadurch Sinn und Selbstwert zu gewinnen.

Ungleich höhere Hürden überwanden einst Menschen, wenn sie sich mit leichtem Gepäck und vielleicht schwerem Herzen auf monatelange und gefährliche Pilgerschaft nach Rom, Jerusalem oder Santiago de Compostela machten – ohne Routenführer, Rückholversicherung, Kreditkarte und Handy. Ihr Abenteuergeist machte den religiösen Zweck erst möglich.

Heute erlebt das Pilgern auf dem Jakobsweg eine ungeahnte Renaissance. Bekennende Christen machen sich ebenso auf diesen beschwerlichen Marsch wie Menschen, die keiner Glaubensgemeinschaft angehören. Sie alle eint der Wunsch, Hektik und Stress des Alltags zu entkommen, ihr Leben zu „entschleunigen“. Ob Sinnsuche, Besinnung oder religiös motivierte Wallfahrt – das Pilgern bezieht seinen Sinn einerseits von religiösen Einrichtungen, andererseits von der persönlichen Einstellung. Sein Ziel ist nämlich auch die Ankunft bei sich selbst.

Das Land Salzburg bietet viele Pilgerziele: Kultplätze, an denen die Menschen von alters her Heiliges verehren, für Hilfe danken, ihre Sorgen abladen und deshalb erleichtert den Heimweg antreten. Dazu zählen Wallfahrtsorte und Kirchen genauso wie geheime Betplätze der einst verfolgten Protestanten, Kultplätze der Römer oder schlichte Kreuze auf Pässen. Auch vier durchaus anspruchsvolle Salzburger Jakobswege zu Jakobuskirchen werden in diesem Buch vorgestellt.

Dem Autor lag daran, mehr als einen „normalen“ Wanderführer vorzulegen, ohne dabei ein reines Wallfahrtsbuch zu schreiben. Er überlässt es dem Wanderer und Pilger, wie er beide Aspekte mischt, um daraus Gewinn für Geist, Gemüt und Gesundheit zu ziehen. Ein Sprichwort sagt, dass viele Wege zu Gott führen. Der längste und schwierigste davon ist der Pilgerweg durch das Leben.

Wir wünschen diesem Buch den Erfolg, vielen Menschen „Entschleunigung“ zu verschaffen, damit sie auf dem Lebensweg auch den Weg zu sich selbst finden.

Dr. Alois Kothgasser
Erzbischof von Salzburg

Mag. Luise Müller
Superintendentin von Salzburg und Tirol

Inhaltsverzeichnis

Zur Einstimmung ... 8
Vom Luxus der Langsamkeit ... 8
Abenteuer Pilgern ... 9

Kleines Pilgerbrevier ... 12
Heilig ... 12
Woran man Heilige erkennt ... 13
Votive „gemäß dem Gelöbnis“ ... 15
Der Rosenkranz ... 16
Kreuzweg und Kalvarienberg ... 17
Die 14 heiligen Nothelfer ... 19
Friedhöfe der Kriegsopfer ... 27
Zur Geschichte der Protestanten ... 28
Die Wege des heiligen Jakobus ... 30

Die Pilgerwege

Flachgau

1 Maria Plain ... 34
2 Antonius von Söllheim ... 36
3 Kolomansberg, 1114 m ... 38
4 Falkensteinkapelle und St. Wolfgang ... 41
5 Sommerholz und Irrsdorf ... 45
6 Mattsee und Michaelbeuern ... 48
7 Maria am Mösl in Arnsdorf ... 51
8 Maria Bühel bei Laufen ... 54
9 Johannishögl und Ulrichshögl ... 57
10 Uralt-Wallfahrt Großgmain ... 61
11 Maria Gern und Maria Ettenberg ... 63
12 Soldaten, KZler, Juden ... 67
13 Bäcker- und Jägerwallfahrt nach Ebenau ... 70
14 Jakobsweg 1 Gois/Faistenau ... 73
15 Jakobsweg 2 Faistenau/Obertrum ... 77

Tennengau

16 Dürrnberg, 772 m ... 80
17 Predigtstuhl im Abtswald, 1025 m ... 82
18 Georgenberg und St. Nikolaus ... 84
19 Maria Brunneck auf dem Pass Lueg, 552 m ... 87

Pinzgau

20 Kirchenthal, 880 m ... 89
21 Einsiedelei Palfen, 1004 m ... 94
22 Maria Alm ... 96
23 Wallfahrt nach St. Bartholomä ... 98
24 Jakobsweg 3 Wald / Krimml, 1076 m ... 100
25 Markkirchl und Salzachquelle, 1983 m ... 103
26 Zur Heidnischen Kirche in Kaprun ... 106
27 Tauern-Hochtor, 2576 m ... 109
28 Embach und Maria Elend ... 114

Pongau

29 Drei-Waller-Kapelle, 1425 m ... 116
30 Entrische Kirche, 1040 m ... 118
31 St. Veit, 764 m ... 120
32 Der Russenfriedhof in St. Johann ... 122
33 Arlscharte, 2252 m ... 124
34 Hörndlwald und Buchberg, 1153 m ... 127
35 Werfenweng, 980 m ... 129
36 Madonna von der Tanne Altenmarkt ... 131
37 Das Jesuskind von Filzmoos, 1055 m ... 134
38 Tauernfriedhof, 1739 m ... 136

Lungau

39 St. Leonhard bei Tamsweg ... 139
40 Der Friedhof von Lessach ... 142
41 Bienenwallfahrt Göriach ... 145
42 Mariapfarr ... 147
43 Prangstangen in Muhr ... 149
44 Jakobsweg 4 St. Michael / Tamsweg ... 151
45 Maria Hollenstein ... 155

Ortsregister ... 157

Zur Einstimmung

Vom Luxus der Langsamkeit

Das 21. Jahrhundert bescherte uns zwei neue Begriffe: „Auszeit" – das meint die Flucht aus dem Stress der Leistungsgesellschaft – und „Entschleunigung" – sie soll das Lebenstempo bremsen, damit wenigstens unsere Kinder nicht als Stress-Rekruten heranwachsen. Beides läuft auf Innehalten, Besinnen und auf jene „Gewissenserforschung" hinaus, die das olympische Motto „schneller, höher, weiter" auf seinen (Un-)Sinn abklopft.

Auf dem deutschen Trendtag im Mai 2006 in Hamburg stimmten die Experten darin überein, dass die Sehnsucht nach mehr „Simplicity" (Einfachheit) geradezu dramatisch anwachse; dass der Bedarf an dem anschwelle, was die Gesellschaft seit langem an Werten des Gefühls und der spontanen Eingebung verdrängt hat. Eine Zeitung ortete in diesem „Trendtag" einen neuen Wert, den „Luxus der Langsamkeit", eine andere den Fortschritt von „Wellness zu Selfness" (vom Wohlfühlen zu einer Kultur der ganzheitlichen Selbstkompetenz).

Zwei Trends entsprechen diesen Befunden. Einmal das Pilgern, das seinen Sinn nicht von Einrichtungen bezieht, sondern von der persönlichen Einstellung. Sein Ziel ist nämlich die Ankunft bei sich selbst. Zweitens der Klosterurlaub. Eine Studie fand 2006 heraus, dass Menschen hinter Klostermauern Ruhe und Spiritualität suchen. 47 % der Klosterurlauber schätzen die Stille, 22 % pflegen die Religiosität, 22 % den Rückzug aus dem Alltag auf sich selbst. Wir erkennen das Grundbedürfnis Religiosität auch daran, dass Konfessionen unter dem Schwund der Mitglieder leiden und zugleich die Zahl jener enorm zunimmt, die ihren Bedarf an Spiritualität bei Esoterik, Astrologie, New Age oder diversen anderen Ersatzreligionen zu decken hoffen. Die Gründe dafür tun hier nichts zur Sache. Offensichtlich ist nur, dass konfessionell orientierte Religiosität in einer Krise steckt.

Pilgern ist durchaus nicht an das Bekenntnis zu einer Glaubensgemeinschaft gebunden; vielmehr kann es jedem auf dem Weg zu mehr „Simplicity" und „Selfness" helfen. Dazu tragen Gedanken über die Frage bei, warum Menschen seit jeher zu Kultstätten pilgerten – nach Jerusalem, zum heiligen Ganges, auf den Berg Athos, nach Nedschef, Rom oder Mekka.

Solche Gedanken möchte dieses Buch begünstigen, weil es weder als Wallfahrtsbuch noch als Tourenbuch missverstanden sein will. Gehen wir es also an – mit geschärften Sinnen gerade für das, was den Luxus der Langsamkeit ausmacht. Schließlich kamen wir mit zwei Beinen und nicht mit vier Rädern auf die Welt.

Das Kreuz schützt das Almvieh, ist aber selbst durch einen Zaun geschützt.

Die Zeitangaben für die einzelnen Pilgerwege halten sich übrigens an die moderate Stundenleistung von 4 km in der Ebene oder 400 Hm bergan, sie bieten also nur Anhaltspunkte.

Abenteuer Pilgern

Das Jahr 1950 steht rot in meinem Lebenskalender. Am erzbischöflichen Privatgymnasium Borromäum in Salzburg schaffte ich die Matura. Damals bestand noch nicht der Brauch einer Maturareise. Deshalb endete für meine Klasse der inoffizielle Vorläufer dieses Brauchs beim Ederwirt in Rufweite des Borromäums. Dort durften wir Maturanten endlich ganz legal eine Halbe Bier schlürfen – noch dazu im Beisein zweier Professoren. Der eher offizielle Teil der Maturareise bestand aus einer Wallfahrt nach Maria Plain. Dort dankten wir für die bescheinigte Reife – und ich zusätzlich dafür, dass meine Schwindelei in Mathematik nicht aufgeflogen war.
Meine Eltern belohnten die Reife mit einem heiß ersehnten Fahrrad – sogar mit dem Luxus einer Dreigang-Schaltung. Und weil es gerade ein Heiliges Jahr war, „musste" ich unbedingt nach Rom radeln und hatte deshalb ganz privat Italienisch gebüffelt – statt Mathematik. Natürlich wollte ich den Petersdom erleben, möglichst einen Blick auf den Papst und dessen Segen erhaschen, in

Prozession in Bergheim, im Hintergrund Salzburg und der Göll

den Katakomben ehrfürchtig vor Gräbern von Märtyrern stehen und im Kolosseum mit Schaudern der Gladiatorenkämpfe und der Löwenhatz auf Christen gedenken. Auf dem Plan dieses privaten Giro d'Italia standen auch Venedig, Florenz und Neapel. Wahrscheinlich ahnten meine Eltern so wenig wie ich, welche Risiken so eine Solofahrt barg, jedenfalls befahlen sie mich Gott und ließen mich davonradeln. Alles ging gut, mein Rad erlitt nur einen „Patschen", und nach fünf Wochen trudelte ich heil wieder zu Hause ein – sehr zufrieden, weil das Abenteuer eines fremden Landes genauso stark nachwirkte wie das religiöse Erlebnis.
Beides befeuerte sogleich meine Abenteuerlust. Für 1951 plante ich eine Pilgerfahrt nach Santiago de Compostela – natürlich solo mit dem Rad. Nach der privaten „Tour de France" über Paris endete die Pilgerfahrt nach Santiago allerdings an der spanischen Grenze. Die Zöllner verlangten nämlich eine Kaution für mein Rad in der Höhe seines dreifachen Schätzwerts. Also pilgerte ich stattdessen nach Lourdes und kam nach sechs Wochen wieder wohlbehalten in Salzburg an.
Mit meinen Eltern und Geschwistern hatte ich viele Wallfahrten unternommen: jährlich mehrmals nach Maria Plain, einmal im Jahr nach Kirchenthal und gelegentlich nach Mariastein und Maria Waldrast in Tirol. Uns Kindern stand damals der Sinn nicht sonderlich nach Rosenkränzen und langem Gebet vor den Gnadenbildern, sondern nach der Würstlsuppe hinterher.

Offensichtlich fehlte uns die reife Einsicht, dass Wallfahrten (fast) ausschließlich einem religiösen Zweck dienen – Buße, Dank, Bitte und Bekenntnis. Dazu kontrastierten meine beiden persönlichen großen Pilgerfahrten geradezu krass. Das religiöse Ziel heiligte nämlich sehr wohl auch irdische Bedürfnisse: fremde Länder kennenlernen, andere Lebensweisen und Bräuche, Unbekanntes wie „Pasta asciutta" und „Cappuccino" genießen, den Hauch von Abenteuer spüren und ein neues Selbstbewusstsein dank beträchtlicher körperlicher Leistung. Unvergessen bleibt die Begegnung mit einem alten Mann etwa 80 Kilometer vor Rom: Er schleppte ein kleines Kreuz auf der Schulter. Als ich ihn aus Neugier ansprach, sagte er, dass er trotz seiner 78 Jahre den Weg von Udine zu Fuß zurückgelegt habe. Er war heiter, doch sichtlich sehr müde. Da gab ich ihm meine Jause, die ich als „pellegrino austriaco" eben erst in einem Pfarrhof erbettelt hatte. Und dann kam das seelische Erdbeben: Der alte Mann lächelte, dankte und verabschiedete sich mit den Worten: „Auf Wiedersehen im Himmel." Im Gegensatz zur Wallfahrt gehört zum Pilgern sehr wohl auch das Abenteuer. Wie sonst wären die großen Pilgerfahrten im Mittelalter zu den heiligen Stätten in Rom, Jerusalem oder Santiago gelungen? Das dauerte Monate bis Jahre und verlief ungleich mühseliger, gefährlicher und dramatischer als meine persönliche Radpilgerfahrt nach Rom oder Lourdes. Und im Gegensatz zum Wallfahrer durfte, ja musste der Pilger damals neugierig sein. Wie wollte er in einer Zeit ohne Fahrzeuge, Landkarten, Wegverläufen, Reiseversicherungen, Kreditkarten und Handy, wie ohne Neugier seinen Weg, Unterkünfte, Essbares oder ein Schiff zur Überfahrt von Süditalien nach Palästina finden? Der Abenteuergeist machte den religiösen Zweck erst möglich. Auf ein solches Abenteuer ließen sich 1620 auch die Pilgerväter ein: Sie wollten religiöse Freiheit und emigrierten von England nach Nordamerika.

*

Pilgern hat wie Wallfahren ein religiöses Ziel – aber nicht nur. Man wandert auch, um bei sich selbst anzukommen, um irdische Erfahrungen zu sammeln, um Klarheit zwischen Wichtigem und Unwichtigem zu gewinnen (trotzdem wählte ich nach dem Erlebnis Rom ein falsches Studium und sattelte später um). Man kann beim Wandern den Gedanken nachhängen; sich fragen, wie und warum Kultstätten entstanden; warum Menschen dorthin pilgerten; welche Erklärungen für Unerklärliches sie suchten; warum sie nach allem Anschein hinterher Zufriedenheit empfanden. Pilgern hängt also nicht davon ab, ob man fromm ist oder nicht – solange nur der Weg ungeachtet seiner Länge bei klareren Einsichten und bei einem selbst endet.

Kleines Pilgerbrevier

Heilig

Was Gläubige oder religiöse Skeptiker auch immer unter „heilig“ verstehen mögen – eine Bedeutung ist allgemein akzeptiert: Heilig bezeichnet etwas, das einer Gottheit zugeordnet oder ihrem Dienst geweiht ist, und bedeutet ethische Vollkommenheit. Das Christentum schränkte diese Ehre auf Personen ein, die den Glauben besonders vorbildlich gelebt haben – als Märtyrer, Lehrer oder Bekenner.

Die erste formale Heiligsprechung durch den Papst fand erst 993 statt und erhob den Augsburger Bischof Ulrich zur Ehre der Altäre, weil er 955 großen Anteil am Sieg über die Ungarn auf dem Lechfeld hatte und sich besonders der Armen und Kranken annahm. Die Heiligsprechung wurde fortan zur formalen Voraussetzung für die Verehrung von herausragenden Christen. Gleichwohl ließ sich das christliche Volk nicht davon abhalten, Volksheilige auch ohne Heiligsprechung zu verehren. Immerhin lebte die große Mehrzahl der Heiligen vor 993.

Bereits im 2. Jh. verehrten die christlichen Gemeinden Märtyrer als Heilige. Wichtiger als das historische Zeugnis eines Heiligen war die mündliche Überlieferung von gottgefälligem Lebenswandel und beispielhaft gelebten Tugenden. Und was an Fakten fehlte, lieferten Legenden über das Leben der Heiligen. Dass dabei Tugenden auch „falschen“ Heiligen zugesprochen wurden, ändert weder etwas am Wert der Tugenden noch an der einprägsamen Praxis, Tugenden zu personalisieren.

Der Vatikan strich 1969 viele frühchristliche Heilige aus dem amtlichen Heiligenkalender, weil sie historisch nicht fassbar und eben nur in Legenden überliefert sind – so die populären Volksheiligen Christophorus oder die „heiligen drei Madln“ Katharina, Margaretha und Barbara. Gleichwohl wurden ihnen geweihte Kirchen nicht umbenannt und Kinder werden weiterhin auf ihre Namen getauft. Sowohl im Liturgischen Kalender als auch in dem im Herbst 2006 neu aufgelegten und revidierten Stundenbuch für Heilige kommen diese Heiligen wieder vor.

Auch die Muttergottes wurde nicht heiliggesprochen. Ihre Verehrung wurzelt auch nicht in den vier Evangelien, in denen sie lediglich sechs Mal ohne Bezug auf ihre Lebensgeschichte genannt wird. Diese Lücke füllt das um das Jahr 200 geschriebene „inoffizielle“ (apokryphe) Evangelium des Jakobus, das zu zwei Dritteln aus Marienlegenden besteht. Es berichtet von Ereignissen, die keines der vier Evangelien erwähnt – etwa von Marias Geburt, ihrer unbefleckten Empfängnis (= Unfähigkeit, Sünden zu begehen),

Fresco (15. Jh.) vom Martyrium des hl. Georg in Mariapfarr

ihrem Tod im Kreis der Apostel oder ihrer Aufnahme in den Himmel. Ohne dieses „inoffizielle" Evangelium gäbe es also kaum Marienfeste und Marienwallfahrtsorte.
Legenden wurden ab dem 4. Jh. vor allem in der christlichen Kunst zunehmend populär, weil sie dem großen Interesse an Heiligen und der wachsenden Marienverehrung Rechnung trugen.
Ob Legenden oder historisch überprüfbare Fakten: Die Volksfrömmigkeit suchte Zuflucht bei Heiligen in Nöten oder als Fürbitter bei Gott. So deckt auch die Heiligenverehrung das menschliche Grundbedürfnis nach Religiosität. Dieses Bedürfnis reicht in allen Kulturkreisen Jahrtausende zurück und hat Anrecht auf Toleranz; also auf jenen Respekt, der die verfassungsmäßige Religionsfreiheit erst möglich macht.
Wie immer man die Heiligenverehrung einschätzen mag, ihr psychologischer Wert ist nicht zu unterschätzen: Heilige hören langmütig zu, unterbrechen nicht – geben aber keine Antwort. Gleichwohl verschaffen sie dem Verehrer das Gefühl der Erleichterung: Er wurde „angehört" und hofft auf „Erhörung". Welcher Irdische kann das schon bewirken?

Woran man Heilige erkennt

Im Mittelalter kannten die weitgehend analphabetischen Gläubigen von Gottesdiensten und Predigten die Lebenslegenden der Heiligen. Ihrer religiösen Bildung diente auch die vorwiegend aus

Der Patron von St. Leonhard / Lg.

Bildern bestehende *biblia pauperum* – die „Bibel der Armen", die nicht lesen konnten. Diese Bibel können wir auch heute noch lesen, nämlich in den Glasmalereien und Fresken vieler Kirchen. Auf diese teils drastisch bildhafte Weise erfuhr jeder Gläubige vom Leben Jesu sowie der Heiligen und Märtyrer. Damit das einfache Volk die auf Bildern oder als Plastiken dargestellten Heiligen erkennt, gab man diesen gegen Ende des Mittelalters Gegenstände (Attribute) bei, die auf bedeutende Ereignisse in ihrem Leben Bezug nehmen.
Beispielsweise verweisen Mitra oder Krummstab auf einen Bischof, ein Buch auf (religiöse) Gelehrsamkeit, ein Schwert auf Enthaupten, eine Palme auf Martyrium, eine Lilie auf Jungfräulichkeit oder ein Drache (Inbegriff des Teufels oder eines Dämons) auf einen Sieg über Dämonen, Heidentum oder Aberglauben.
Neben diesen allgemeinen Attributen vieler Heiliger markieren spezielle Kennzeichen persönliche Besonderheiten. So durchtrennt der berittene Martin seinen Mantel, um ihn mit einem frierenden Bettler zu teilen. Petrus trägt einen Schlüssel (zum Himmelreich) bei sich, Stephanus ist mit Steinen dargestellt (weil er gesteinigt wurde), Leopold mit einer Kirche (er gründete Klosterneuburg), Rupertus mit dem Salzfass (er gründete Salzburg), Virgil mit einer Kirche (er baute in Salzburg den ersten Dom), Sebastian mit Pfeilen durchbohrt (Martyrium); der populäre Brückenheilige Johannes Nepomuk wird (gelegentlich) mit dem Zeigefinger vor dem Mund dargestellt, weil er das Beichtgeheimnis gewahrt hat (er verschwieg angeblich dem Böhmenkönig Wenzel IV. das Beichtbekenntnis der Königin) und deshalb in der Moldau ertränkt wurde.
Die Attribute der Heiligen sind in gewisser Weise Vorläufer unserer Logos, die die Produkte eines Unternehmens durch ein einprägsames Erkennungszeichen markieren.

Votive „gemäß dem Gelöbnis“

Dankbarkeit ist eine ebenso schöne wie sozial sinnvolle Tugend, doch im Alltag reicht sie selten über das routiniert-unverbindliche „vielen Dank“ hinaus. Anders im Umgang der Gläubigen mit den Heiligen: Man erbittet Hilfe in Nöten und gelobt dafür ein Opfer. Daher steht selbst auf sehr ungelenken Votivtafeln als Dank *ex voto* – „gemäß dem Gelöbnis“.
Solche Tafeln in Wallfahrtskirchen erzählen, aus welch dramatischen Nöten die Madonna oder ein Heiliger geholfen haben. Diese gelobte Form des Opfers macht das Wunder publik und konnte den Gläubigen auch sehr teuer zu stehen kommen. In der zweiten Hälfte des 18. Jh. kostete eine Votivtafel ungefähr zwischen umgerechnet 30 und 1000 Euro (Geldwert 2007) – je nach der Prominenz des Malers. Meist ging es eher preiswert ab. Das Opfern von Votivtafeln erfreute sich nämlich im gleichen Zeitraum (17. Jh.) ebenso großer Beliebtheit wie das Bemalen von Bauernmöbeln. Diese Fertigkeit mussten „Bauerntischler“ beherrschen. So traute man ihnen auch zu, Votivtafeln zu malen. Das erklärt die liebenswürdige Einfalt vieler Tafeln, die allerdings wertvolle kulturgeschichtliche Dokumente sind. Sie zeigen nämlich Lebensformen früherer Zeiten – von Wickelkindern über Fahrzeuge und Arbeitsgerät bis hin zu Mobiliar und Bekleidung.

Votivbild in St. Leonhard / Lg. für die Rettung aus Lawinen

Deutlich teurere Votivgaben waren große Kerzen, die wesentlich zur Erhaltung der Wallfahrt beitrugen. Wachszieher und Lebzelter kauften nämlich das Wachs abgebrannter Kerzen, um daraus neue zu ziehen. So erlöste die Wallfahrt Dürrnberg 1648 annähernd umgerechnet 30.000 Euro aus Wachs und „nur" rund 6000 Euro (Geldwert 2007) aus dem Opferstock.
Bienenwachs war so kostspielig, dass sich nur Betuchte Wachskerzen (statt Kienspänen oder Unschlitt) für die Beleuchtung von Räumen leisten konnten. Ein Kilo Bienenwachs kostete nämlich umgerechnet mindestens 150 Euro. Wenn jemand eine Kerze vom Gewicht seines Körpers für Hilfe aus Not gelobte, dann ging das wirklich ins Geld: mindestens 10.500 Euro für einen 70 Kilo schweren Mann. Menschen brachten somit beträchtliche Opfer, wenn sie für die Heilung eines Arms oder Beins solche Gliedmaßen aus Wachs spendeten. Erst Stearinkerzen senkten im 19. Jh. die Kosten solcher Wachsopfer erheblich und damit auch den Preis für offenkundig tief empfundene Dankbarkeit.
Bis heute bleiben aber Wachskerzen die (anonymen) Votivgaben schlechthin.

Der Rosenkranz

Der Rosenkranz beschreibt in 15 Gesätzchen zu je zehn Ave-Maria (Psalter) den Lebensweg Mariens von der Empfängnis Jesu bis zu ihrer Krönung im Himmel. Dieses Gebet dauert im Wechsel zwischen Vorbeter und Gemeinde etwa 45 Minuten. Auf Wegen zu Marienwallfahrten stehen häufig Säulen oder Bildstöcke, die den Ablauf des Rosenkranzes darstellen. Der Rosenkranz entstand im Mittelalter, als Gebetbücher teuer und die Kulturtechnik des Lesens wenig verbreitet waren. Heute wird der Rosenkranz zwar zunehmend von anderen Formen des Gebets verdrängt, aber man sollte ihn kennen, um die Darstellungen an den Stationen eines Wallfahrtswegs zu verstehen.

Handgeknüpfter Rosenkranz (19. Jh.)

Der erste Absatz des Ave-Maria endet mit dem Hinweis auf Marias Sohn Jesus. Hier schiebt der Rosenkranz eine biblische Begebenheit ein, die in zehn Ave-Maria wiederholt wird.
Im freudenreichen Rosenkranz heißen die Zusätze

der fünf Gesätzchen (die nun vorgesetzten Ziffern erleichtern das Erkennen der Bilder auf den nummerierten Bildstöcken an Wallfahrtswegen):

(1) … Jesus, den Du o Jungfrau vom Heiligen Geist empfangen hast
(2) … zu (Marias Cousine) Elisabeth getragen hast
(3) … zu Bethlehem geboren hast (Weihnachten)
(4) … im Tempel aufgeopfert hast (Beschneidung)
(5) … im Tempel wiedergefunden hast (weil sich der 12-Jährige in der Menge verlaufen und in eine Diskussion mit verblüfften jüdischen Theologen eingelassen hatte)

Der schmerzhafte Rosenkranz schildert als zweiter Zyklus den Leidensweg Jesu:

(6) … Jesus, der für uns Blut geschwitzt hat (aus Angst vor dem Kreuzestod)
(7) … für uns gegeißelt worden ist
(8) … mit Dornen gekrönt worden ist
(9) … das schwere Kreuz getragen hat
(10) … gekreuzigt worden ist

Der dritte und letzte Zyklus heißt glorreicher Rosenkranz:

(11) … Jesus, der von den Toten auferstanden ist (Ostern)
(12) … in den Himmel aufgefahren ist
(13) … uns den Heiligen Geist gesandt hat (Pfingsten)
(14) … Dich o Jungfrau (Maria) in den Himmel aufgenommen hat (15. August)
(15) … Dich o Jungfrau im Himmel gekrönt hat

Kreuzweg und Kalvarienberg

Die Anstiege auf Kalvarienberge und gelegentlich auch Wallfahrtswege sind Kreuzwege, die in 14 Stationen den Leidensweg Jesu zur Richtstätte vor Augen führen. Diese Richtstätte war in Jerusalem auf einem kleinen Hügel, dessen Form einem Schädel glich. Das erklärt seinen Namen „Calvaria“ (lat. Schädel) oder „Golgatha“ (aramäisch *gulgolta* für Schädel).
An den 14 Stationen kann der Pilger innehalten und den Leidensweg Jesu bedenken.
1. Station: Die geistlichen Führer der Juden beschuldigen Jesus der Gotteslästerung sowie der Revolte gegen Rom. Doch der römische Landpfleger Pilatus findet keine Schuld an ihm, verurteilt ihn aber – heute würde man sagen wegen einer angezettelten Massendemonstration und um Roms Herrschaft über Palästina nicht zu gefährden – zum Tod am Kreuz.
2. Station: Jesus nimmt das Kreuz auf seine Schultern, bricht aber

Wetterkreuz mit den „Arma Christi" (Leidenswerkzeuge) und anderen in der Passion genannten Gegenständen

(3. Station) unter seiner Last zusammen und begegnet dann (4. Station) seiner Mutter.
5. Station: Römische Soldaten zwingen den Landarbeiter Simon aus Cyrene (im heutigen Libyen), Jesus beim Tragen des Kreuzes zu helfen. Auf dem Weiterweg reicht Veronika Jesus ein Schweißtuch (6. Station). Dann bricht Jesus zum zweiten Mal unter der Last des Kreuzes zusammen (7. Station), begegnet den aus Mitleid weinenden Frauen (8. Station) und stürzt zum dritten Mal (9. Station).
10. Station: An der Richtstätte auf dem Golgatha angekommen, reißen ihm Soldaten die Bekleidung vom Leib, er wird an das Kreuz genagelt (11. Station) und stirbt am Kreuz (12. Station).
13. Station: Einige wenige Freunde nehmen den Leichnam vom Kreuz und bestatten ihn im Felsengrab eines Reichen in Anwesenheit einiger Anhänger (14. Station).
Der Kreuzweg wurde im 15. Jh. von den Franziskanern eingeführt und im Lauf der Zeit von ursprünglich sieben auf 14 Stationen erweitert. Das erklärt, warum z. B. die Kreuzwege nach Maria Plain oder auf den Kapuzinerberg erheblich weniger Stationen bis hinauf zur großen Kreuzigungsgruppe haben.

Die 14 heiligen Nothelfer

Mit Ausnahme des heiligen Ägidius erlitten alle Nothelfer während der Christenverfolgungen bis zum 4. Jh. das Martyrium. Nach der Legende gewährte ihnen Gott vor ihrem Tod die Gnade der Vermittlung, wenn sie von Menschen in Notlagen angerufen werden. Die Verehrung der Nothelfer reicht bis in das 9. Jh. zurück und gewann zu Zeiten der Pest und anderer Katastrophen stets an Bedeutung. 1377 ordnete der Regensburger Bischof Konrad von Haimburg die Verehrung der heiligen Märtyrerinnen Barbara, Katharina und Margaretha an. Der Volksmund dichtete dazu den Merkvers: „Margaretha mit dem Wurm, Barbara mit dem Turm, Katharina mit dem Radl, das sind die heiligen drei Madl." Regensburg wurde auch Ausgangspunkt für den sich verbreitenden Nothelferkult. In verschiedenen Gegenden ersetzten Gläubige einige der „offiziellen" 14 durch ihre „regionalen" Nothelfer – etwa durch Leonhard, Nikolaus, Florian oder Wolfgang.
Die 14 Nothelfer zählen zu den großen „Nutzheiligen". So erbittet man bis heute von Blasius Heilung von Halsleiden, von Erasmus Schutz vor Blitzen und von Pantaleon die Erlösung aus bohrenden Kopfschmerzen.
Die Zahl 14 ergibt sich aus alter christlicher Symbolik. Die 14 steht für Güte und Barmherzigkeit und enthält zwei Mal die heilige Zahl Sieben. Sieben ist die Summe aus drei (Zahl des Himmels und der Dreifaltigkeit) plus vier (der Erdzahl nach den vier Himmelsrichtungen; den vier antiken Elementen Erde, Wasser, Feuer und Luft sowie den vier christlichen Kardinaltugenden Klugheit, Gerechtigkeit, Tapferkeit, Mäßigung).

Achatius (Namenstag 22. Juni) führte nach einer Legende aus dem 12. Jh. ein römisches Heer. Als ihm bei einer Schlacht in der Osttürkei die Niederlage drohte, erschien Achatius ein Engel und verhieß ihm den Sieg, wenn er sich zum Christentum bekehre. So geschah es auch, das Heer wurde christlich und siegte. Dennoch wurden diese Christen mit Dornenästen gepeinigt und anschließend gekreuzigt. Achatius wird bei bösen Krankheiten, Todesangst und Glaubenszweifeln angerufen. Sein Attribut ist der Dornenast. Er ist Kirchenpatron in Ramingstein.

Ägidius (Namenstag 1. September) zog sich aus seinem begüterten Elternhaus in eine Höhle in der Provence zurück und ernährte sich von der Milch einer Hirschkuh. Eines Tages beschoss ein König die Hirschkuh mit einem Pfeil, Ägidius warf sich schützend vor das Tier und wurde getroffen. Um seine Schuld zu tilgen, gestattete der Monarch dem Verletzten, ein Kloster zu gründen.

So entstand um 680 die Benediktinerabtei St. Gilles, der Ägidius bis zu seinem Tod um 720 als Abt vorstand. Im deutschen Sprachraum wurde aus St. Gilles der Namen *Gilg*, der Ortsname von St. Gilgen. Ägidius wird als Patron der stillenden Mütter, der Hirten, Jäger, Bogenschützen und des Waldes verehrt und bei Unfruchtbarkeit von Mensch und Tier angerufen. Seine Attribute sind Pfeil und Hirschkuh. Er ist Kirchenpatron in St. Ägid bei St. Michael, Fusch, St. Gilgen und Lauterbach.

Barbara von Nikomedien (Namenstag 4. Dezember) lebte im 3. Jh. Nach der Legende nahm sie ihr begüterter und eifersüchtiger Vater wegen ihrer Schönheit und Klugheit in einem Turm mit nur zwei Fenstern in „Schutzhaft", in der sie der heilige Johannes taufte. Als Bekenntnis zur Dreifaltigkeit ließ sie in den Turm noch ein drittes Fenster brechen. Der erboste Vater wollte sie deshalb erschlagen, doch sie entkam ihm und fand Unterschlupf bei einem Hirten. Der aber verriet Barbara und wurde dafür zur Strafe von Gott in einen Mistkäfer verwandelt. Barbara wurde gefangen, gegeißelt, mit Fackeln gebrannt und nackt auf dem Markt den Blicken der Leute preisgegeben. Doch Gott bedeckte sie mit Wolken und Nebel. Das Todesurteil durch Enthaupten vollstreckte ihr Vater, worauf ihn ein Blitzschlag aus heiterem Himmel tötete.
Wegen dieses Blitzes ist Barbara Patronin aller, die mit Sprengstoff umgehen, vor allem der Bergleute und der Artilleristen. Ihr Bildnis wurde früher häufig auf Waffenlagern und Pulvermagazinen aufgestellt; in französischen Kriegsschiffen heißt das Munitionsmagazin noch heute *Sainte-Barbe*.
Der Volksbrauch mit dem Barbarazweig geht auf die Legende von Barbaras Haft im Turm zurück: Sie habe einen verdorrten Kirschzweig mit Tropfen aus ihrem Trinknapf benetzt und fand Trost darin, dass der Zweig in ihrer Zelle blühte.
Barbara wird um Schutz vor Gewittern, Feuersgefahren, Fieber und dem jähen Tod angerufen. Ihre Attribute sind der Turm mit drei Fenstern, Hostienkelch, Fackel, Kanonenrohr und Schwert. Sie ist Kirchenpatronin in Kaprun, Kolm-Saigurn und Tenneck.

Blasius (Namenstag 3. Februar) lebte im 3. Jh. als Arzt und Bischof in Armenien. Nach der Legende versteckte er sich während der Christenverfolgung in einer Höhle, wo ihn Löwen, Tiger und Bären bewachten. Vögel trugen ihm Nahrung zu. Jäger fanden kein Wild mehr, da sich alle Tiere zu Blasius geflüchtet hatten. Einer armen Frau brachte Blasius' Gebet das vom Wolf geraubte Schwein zurück, das sie zum Dank für den Heiligen schlachtete. Trotz seiner Tier-Leibwache wurde Blasius verhaftet und wegen der Weigerung, Götterbilder anzubeten, ins Gefängnis geworfen.

Dort soll er einen Jungen, der eine Fischgräte verschluckt hatte, durch sein Gebet vor dem Erstickungstod gerettet haben. Wegen seiner Standhaftigkeit im Glauben zerfetzte man seine Haut mit eisernen Hechelkämmen und enthauptete ihn um das Jahr 316. Auf die Legende mit der Fischgräte geht seit dem 16. Jh. der Blasiussegen zurück, der mit zwei gekreuzten Kerzen vor dem Hals zum Schutz vor Halsleiden und Ersticken erteilt wird.
Blasius ist Patron u. a. der Ärzte, der Haustiere und Pferde, seine Attribute sind Hechelkamm, Schweinskopf und gekreuzte Kerzen. Er ist Kirchenpatron in St. Blasius (Salzburg) und Abtenau.

Christophorus (Namenstag 24. bzw. 25. Juli) heißt Christusträger. Er war von riesenhafter Gestalt, lebte in der heutigen Türkei und suchte der Legende nach den Mächtigsten, damit er ihm diene. Ein König zuckte bei der Nennung des Teufels zusammen, also folgte Christophorus dem Teufel, bis dieser einmal einem Kreuz aus dem Weg ging. Schließlich wies ihn ein Einsiedler auf Christus als den Mächtigsten hin, dem man durch Beten und Fasten diene. Christophorus schaffte beides nicht und übernahm daher die Aufgabe, Menschen auf dem Rücken über einen gefährlichen Fluss zu tragen. Ein Kind, das beim Tragen die Last der ganzen Welt anzunehmen schien, offenbarte sich schließlich als Schöpfer der Welt, taufte ihn und ließ zur Bestätigung dessen den dürren Wanderstab des Christophorus zu einem Baum ergrünen. Schon 452 wurde ihm in Chalkedon eine Kirche geweiht.
Art und Ort seines Martyriums um das Jahr 250 sind unbekannt. Seine auffallend häufigen Abbildungen als Christusträger zumal an alten Handelswegen erklärt der mittelalterliche Satz: „An welchem Tag immer Du das Antlitz Christophers schaust, an dem Tag wirst Du keines üblen Todes sterben."
Christophorus ist Patron der Pilger, Wanderer, Kraftfahrer, Kinder und Athleten, er ist Kirchenpatron in Bad Gastein.

Christophorus-Fresco (ca. 1500) im Burghof von Mauterndorf

Cyriakus (Namenstag 8. August), Diakon. Seine Legende entstand im 6. Jh.: Beim Bau der diokletianischen Thermen setzten die Römer Christen als Zwangsarbeiter ein. Cyriakus kümmerte sich um sie, wurde eingekerkert und heilte blinde Gefangene. Kaiser Diokletian hörte davon und ließ Cyriakus rufen, damit er seine Tochter Artemia von der Besessenheit mit bösen Geistern erlöse. Weil dies gelang, wurde Cyriakus aus der Haft entlassen und nach Persien gerufen, um die fallsüchtige Tochter des Königs zu heilen, worauf sich das ganze Königshaus bekehrte. Cyriakus kehrte nach Rom zurück und wurde Jahre später aufgefordert, seinem Glauben abzuschwören. Trotz grausamer Folter weigerte er sich und wurde im 3. Jh. enthauptet.
Cyriakus wird mit einem Teufel oder einem gefesselten Dämonen abgebildet, weil er die Tochter des Kaisers von Besessenheit geheilt hatte. Er ist Kirchenpatron in Pfarrwerfen.

Dionysius (Namenstag 9. Oktober) wurde von seinen heidnischen Eltern nach Dionysos benannt, dem antiken Gott des Weins, des Rausches und der Fruchtbarkeit. Er wurde Christ und im 3. Jh. vom Papst zur Missionierung Galliens entsandt, um 250 wurde er erster Bischof von Paris und schließlich wegen seines Glaubens enthauptet. Nach der Legende erhob sich Dionysius nach der Hinrichtung und trug sein Haupt vom Richtplatz auf dem Montmartre zu jenem Ort, an dem er beigesetzt werden wollte. An dieser Stelle wurde 626 die nach ihm benannte Abtei mit der Kathedrale St. Denis errichtet, die später den französischen Königen als Grabstätte diente.
Dionysius wird mit einem Schwert und seinem Haupt in einer Hand dargestellt. Er wird um Schutz vor Kopfweh, Tollwut sowie der Kinder vor Hundebissen angerufen und als Patron der Schützen verehrt. Er ist Kirchenpatron in Vigaun.

Erasmus (Namenstag 2. Juni) war Bischof von Antiochien und lebte im 3. Jh. Nach der am weitesten verbreiteten Legende zog er sich vor den Christenverfolgern als Einsiedler in das Libanongebirge zurück, wurde aber aufgespürt und wegen seiner Standhaftigkeit gemartert, blieb aber durch ein Wunder unverletzt. Ein Engel geleitete ihn aus dem Gefängnis und brachte ihn nach Dalmatien. Dort verkündete er das Evangelium, wirkte viele Wunder, wurde wieder verhaftet und in einen Kessel voll siedenden Öls geworfen. Doch ein Engel errettete ihn daraus und führte ihn ans Meer, wo ihn ein Schiff aufnahm und nach Gaeta in Latium brachte, wo er 303 den Märtyrertod erlitt.
Seeleute verehren ihren Patron Erasmus auch als St. Elmo. Von diesem Namen kommt der Begriff „Elmsfeuer“, das bei Gewittern

auf Schiffsmasten als elektrische Funkenentladung erscheint. Wegen der Überfahrt von Dalmatien nach Gaeta wird er mit einer Schiffswinde und einem Ankertau dargestellt. In Binnenländern deutete man diese Attribute fälschlicherweise als Art seines Martyriums: man habe ihm die Eingeweide mit einer Winde herausgerissen. Deshalb wird Erasmus vor allem als Nothelfer bei Magen- und Darmkrankheiten sowie bei Leibschmerzen angerufen. Die Pfrieme unter seinen Fingernägeln verweisen auf eine Art seines Martyriums, Mitra und Bischofsstab auf sein kirchliches Amt. Erasmus ist auch Patron der Drechsler. Er ist Kirchenpatron in Puch.

Eustachius (Namenstag 20. September) war römischer Heerführer und erlitt um 130 mit seiner Familie das Martyrium. Während einer Jagd verirrte er sich bei der Verfolgung eines gewaltigen Hirsches im Wald. Als er den Bogen zum Schuss spannte, gewahrte er im Geweih des Hirsches ein Kruzifix und hörte eine Stimme, die ihn zur Taufe aufforderte. Eustachius gehorchte und erlitt ein ähnliches Schicksal wie Hiob. Er verlor allen Besitz, flüchtete nach Ägypten, wo seine Familie auseinandergerissen wurde, und fristete als Landarbeiter ein kümmerliches Dasein. Jahre später besann sich das bedrängte Rom des erfolgreichen Heerführers und setzte ihn wieder in alle Ämter ein. Eustachius errang so einen Sieg über alle Feinde. Auf wundersame Weise fand auch die Familie wieder zusammen, erlitt aber wegen eines verweigerten Götteropfers das Martyrium.
Eustachius ist Patron der Jäger. Er wird bei traurigen Familienschicksalen und anderen verzweifelten Situationen angerufen. Dargestellt wird er als Krieger in Rüstung oder als Jäger und trägt in einer Hand einen Hirschkopf mit einem Kreuz zwischen dem Geweih. In Salzburg ist keine Kirche Eustachius geweiht.

Georg (Namenstag 23. April) war römischer Offizier und Drachentöter. Der Drachen symbolisierte den Teufel und dämonische Kräfte. Eines Tages ritt Georg an einer Stadt in Kleinasien vorbei, die ein Drache bedrängte. Man warf diesem Ungeheuer erst Schafe und dann täglich ein Kind vor. Als das Los die Königstochter traf und sie dem Drachen entgegenging, griff Georg ein: Er sprang vom Pferd, bat Christus um Hilfe und schritt auf den Drachen zu, der – plötzlich ganz zahm – sich an eine Leine legen ließ. Diese Leine übergab Georg der Königstochter, welche das Ungeheuer auf den Marktplatz führte. Das Volk strömte zusammen und jubelte. Der König erkannte, dass Georgs Gott der wahre Gott ist, bekehrte sich mit der ganzen Stadt zum Christentum und bat Georg, den Drachen zu töten.

Viele Jahre später lebte Georg geachtet am Hof des Kaisers Diokletian in Rom. Doch eines Tages stand der Kaiserpalast in Flammen. Man beschuldigte die Christen der Brandstiftung und Georg sollte sie verfolgen. Doch er weigerte sich und erlitt nach der Legende um 300 ein fürchterliches Martyrium: Zerfleischen mit eisernen Krallen, Zerstückeln auf dem Messerrad, Abhacken und Sieden seiner Glieder, Bedecken mit glühenden Kohlen und schließlich die Enthauptung.
Georg wird als berittener Drachentöter oder mit dem Drachen an der Leine dargestellt. Er ist Patron der Reiter und Pferde und gilt als Inbegriff der stetigen Bereitschaft, Gutes zu tun, Bedrängten zu helfen und aus christlichem Glauben heraus zu leben (deshalb ist er Patron der Pfadfinder). Er wird zum Schutz der Haustiere gegen Seuchen angerufen.
Kirchenpatron ist er auf der Festung Hohensalzburg, in Bergheim, Goldegg, Hintersee, Georgenberg, Nussdorf, Saalfelden, Sommerholz, Zellhof, Thomatal, Wals, Bischofshofen, Eugendorf sowie St. Georgen im Flachgau und im Pinzgau.

Katharina von Alexandrien (Namenstag 25. November) lebte im 3. Jh. im Orient. Als hochgebildete und schöne Tochter des zypriotischen Königs wies sie viele um sie werbende Männer ab und erfuhr von einem Einsiedler, dass Christus der richtige Bräutigam sei. Sie ließ sich taufen und erlebte in einer Vision, wie Jesus ihr den Verlobungsring an den Finger steckte.
Katharina reiste nach Alexandria, wo gerade der römische Kaiser Maxentius von den Christen Götzendienste verlangte. Katharina stellte ihn zur Rede und forderte, ihre besseren Argumente in einer Diskussion beweisen zu können. Der Kaiser lud die 50 besten Philosophen ein, die aber gegen die kluge Argumentation Katharinas nicht aufkamen, sich taufen ließen und deshalb verbrannt wurden. Nun bot der Kaiser Katharina die Ehe an; sie weigerte sich, worauf der Kaiser ihr die Kleider vom Leib riss, sie auspeitschen und einkerkern ließ. Im Gefängnis brachte ihr eine weiße Taube Nahrung, ein Engel tröstete sie, worauf die Wachmannschaft sich bekehrte. Schließlich sollte Katharina gerädert und gevierteilt werden, doch die Räder brachen und töteten stattdessen die Folterer. Daraufhin bekehrten sich das Volk, die Garde und die Kaiserin. Der wütende Kaiser ließ Katharina die Brüste abreißen, seine ganze Garde umbringen und Katharina enthaupten. Doch aus ihrer Halswunde strömte Milch statt Blut und Engel ergriffen ihren Leib und entführten ihn auf den Berg Sinai, wo deshalb das Katharinenkloster entstand.
Als Heilige wird Katharina erst im 10. Jh. erwähnt, ab dem 13. Jh. war sie nach Maria die meistverehrte Heilige. Sie ist u. a. Patronin

Nothelfer in Pfarrwerfen: Dionysius, Erasmus und Nikolaus (ca. 1530)

der Mädchen, Jungfrauen und Ehefrauen, der Hochschulen, Gelehrten, Lehrer, Studenten und der Näherinnen. Deshalb heißen die Schneiderinnen der Pariser Modehäuser „Cathérinettes“. Attribute sind Palmzweig und Krone (Jungfräulichkeit), Buch (Gelehrsamkeit), Schwert (Enthauptung) und zerbrochenes Rad (Errettung vor dem Rädern). Katharina ist Kirchenpatronin in Ferleiten.

Margaretha von Antiochien (Namenstag 20. Juli) wurde zu Anfang des 4. Jh. enthauptet. Nach der Legende aus dem 15. Jh. verlor sie früh ihre Eltern, wurde von ihrer christlichen Amme erzogen und lebte als Schafhirtin. Einen einflussreichen römischen Werber wies sie ab: Christus sei ihr Bräutigam. Deshalb wurde sie mit einem scharfen Hechelkamm und kochendem Wasser gefoltert und in ein Gefängnis geworfen. Dort bedrängte sie der Teufel in der Gestalt eines Drachen. Doch sie zwang ihn mit Schlägen zur Unterwerfung, besiegte ihn mit einem Stabkreuz und wurde schließlich enthauptet.
Margarethas Verehrung reicht bis in das 7. Jh. zurück. Damals erschien ihr Name bereits in englischen Litaneien. Aus jener Zeit stammt auch die Legende, dass ein Drache die Heilige verschlang, sie blieb aber am Leben, weil sie ein Kreuz bei sich trug, das im Bauch des Ungeheuers derart anwuchs, dass der Drache aufplatzte und Margaretha unverletzt seinem Leib entstieg.
Margaretha ist Patronin der Gebärenden. Ihre Attribute sind Krone (Jungfräulichkeit), Buch (Gelehrsamkeit), Stabkreuz und Drache

(Inbegriff des Heidentums) sowie Fackeln oder Hechelkamm (Martyrium). Sie ist Kirchenpatronin in Tödtleinsdorf, Eschenau, Kaprun, Uttendorf, Vigaun und St. Margarethen im Lungau.

Pantaleon (Namenstag 27. Juli) war Sohn eines heidnischen Vaters und einer christlichen Mutter, er erkannte schon als Kind seine Heilkräfte, wurde in der Arzneikunst ausgebildet und getauft. Als er im Beisein seines Vaters durch Anrufung Christi einen Blinden sehend machte, bekehrte sich der Vater. Der Kaiser wählte sich Pantaleon als Leibarzt. Als Pantaleon der Kaiserin erzählte, dass er Christ sei und auch sie bekehren wolle, wurde das Gespräch von neidischen Berufskollegen belauscht, die Pantaleon beim Kaiser denunzierten, worauf er um 300 verhaftet, gefoltert und enthauptet wurde. Aus dem 15. Jh. stammt die Legende, dass ihm vor der Hinrichtung die Hände an den Kopf genagelt wurden. Die Verehrung Pantaleons begann schon im 4. Jh., in der Ostkirche gilt er als Großmärtyrer und heiliger Arzt. Zu seinen Ehren ließ Kaiser Justinian schon 550 in Konstantinopel eine Kirche bauen.
Pantaleon ist Patron der Ärzte, Ammen, Hebammen und der Haustiere. Er hilft gegen Kopfschmerzen und Viehkrankheiten. Attribute sind Nägel (Martyrium) und eine Salbenbüchse (Arzt). In Salzburg ist keine Kirche Pantaleon geweiht.

Vitus (Namenstag 15. Juni) kam im 3. Jh. auf Sizilien als Sohn eines Heiden zur Welt und wurde von seiner Amme Creszenzia und seinem Erzieher Modestus bekehrt. Um Vitus vom Glauben abzubringen, prügelte ihn sein Vater und schloss ihn mit schönen Mädchen ein. Durch das Schlüsselloch beobachtete er sie und hoffte auf Vitus' Verführung, sah aber, dass sich die Mädchen in Engel verwandelt hatten, und erblindete zur Strafe für seine Neugier. Er erhielt durch Vitus' Gebet wieder das Augenlicht, bedrohte aber seinen Sohn weiterhin. Da befahl ein Engel Modestus, mit Vitus und Creszenzia nach Süditalien zu fliehen, um sich dort zu verbergen. Ein Adler versorgte die drei mit Brot. Sie wurden aber entdeckt und zu Kaiser Diokletian gerufen. Vitus heilte dessen besessenen Sohn, weigerte sich aber weiterhin, den Göttern zu opfern, und wurde mit Modestus und Creszenzia gemartert: Man warf sie in einen Kessel voll heißen Öls, doch sie stiegen unversehrt heraus. Ein Löwe wurde auf sie gehetzt, aber der legte sich zahm zu ihnen. Als Vitus mit Modestus auf die Folterbank gespannt wurde, um mit Haken zerfleischt zu werden, zerschlugen Blitze das Martergerät, ein Erdbeben ließ die Tempel rundum einstürzen, die Folterknechte und das entsetzt fliehende Volk wurden von den Trümmern erschlagen. Nun lösten Engel Vitus, Mo-

destus und Creszenzia von ihren Fesseln und betteten sie an einem Flussufer, wo sie ruhten und im Gebet ihre Seelen aufgaben. Vitus' Verehrung ist schon um 600 belegt. Seine Reliquien kamen 756 nach St. Denis, 836 in die berühmte Abtei Corvey, sein Haupt befindet sich im Veitsdom in Prag, den König Wenzel zu seinen Ehren erbauen ließ.
Als Besessenheit galten bis herauf in die Neuzeit Epilepsie und spastische Erkrankungen. Diese Leiden hießen auch Veitstanz.
Vitus ist Patron der Jugendlichen, Epileptiker, Stummen und Tauben und wird bei Fraisen, Unfruchtbarkeit, Hysterie, Epilepsie, Bettnässen und Krämpfen angerufen. Seine Attribute sind Ölkessel über Flammen, Adler (Speisung auf der Flucht) oder Löwe (der ihn im Zirkus nicht angriff). Er ist im Land Salzburg Patron der Kirchen in St. Veit, Elixhausen, Henndorf, Hollersbach und Morzg.

Friedhöfe der Kriegsopfer

„Was wir bergen in den Särgen, ist das Erdenkleid, was wir lieben, ist geblieben, bleibt in Ewigkeit." Dieser Satz auf einem Grabstein im Salzburger Kommunalfriedhof schlägt eine Brücke zu jenen, deren Andenken wir ehren; eine Brücke auch weit zurück in die Kulturgeschichte. So weit nämlich die Archäologie in den Nebel der Vorgeschichte dringen kann, entdeckt sie Spuren von Totenkulten; beispielsweise Grabbeigaben, die den Verstorbenen den

Gräber im Russenfriedhof von Grödig bei Salzburg

Weg in das Jenseits erleichtern sollten. Und sind sie dort angekommen, dann soll rituelle Ahnenverehrung den Hinterbliebenen Hilfe bringen.
Begräbnisse bedeuten endgültigen Abschied, ihre Riten drücken Trauer und Hoffnung auf ein gnädiges Jenseits aus – weltweit und ungeachtet der verschiedenen Kulturkreise und Religionen. Ob nun Verstorbene in „geweihter Erde" oder in Urnenhainen ruhen, ob man sie am Ufer heiliger Flüsse verbrennt und die Asche dem Wasser anvertraut oder in Krypten zur letzten Ruhe bettet – die Stätten der Toten sind vom Alltagsgetriebe scharf abgegrenzte sakrale Kultstätten, an denen nichts die Totenruhe stören darf.
Viele Tote ruhen auch in „fremder Erde", Hunderte von Kilometern von ihren Angehörigen getrennt. Welche Angehörige? Die Urenkel jener Kriegsgefangenen, für die der Erste Weltkrieg im Russenfriedhof bei Grödig endete? Erinnern vergilbte Fotos und das Hörensagen an ihre Ahnen in „fremder Erde"? Oder was wissen die Nachfahren noch von jenen, die im Zweiten Weltkrieg im Kriegsgefangenenlager von St. Johann umkamen? Wer pilgert tausend und mehr Kilometer zu solchen Gräbern? Darüber wäre auch längst das Gras des Vergessens gewachsen, würde nicht das „Schwarze Kreuz" diese Friedhöfe der Vergessenen pflegen. Anonyme Pietät aus zweiter Hand? Vielleicht. Was zählt, ist der Respekt vor den Verstorbenen und ihrer Würde.
Zu den Gräbern unserer Angehörigen führen viele private Pilgerwege. Doch auch die Friedhöfe anonymer „Fremder" verdienen die Ehre des Pilgerns.

Zur Geschichte der Protestanten

Die evangelische Christuskirche in Salzburg schmücken lediglich zwei Bilder. Diese und die Darstellungen in zwei von drei Chorfenstern erinnern an eines der dunkelsten Kapitel der Salzburger Landesgeschichte: an die Vertreibung von mehr als 22.000 Protestanten aus dem katholischen Kirchenstaat Salzburg in den Jahren 1686 und 1731/32. Eine Vorbedingung dafür schuf 1648 der Westfälische Friede am Ende des Dreißigjährigen Krieges, welcher u. a. wegen des Gegensatzes zwischen Katholiken und Protestanten ausgebrochen war. Er bekräftigt die Bestimmung des Augsburger Religionsfriedens von 1555, dass der Herrscher die Religion festlege (*cuius regio – eius religio*).
Erster Schauplatz dieser Tragödie war 1686 das Salzrevier auf dem Dürrnberg – das ertragreichste in den Ostalpen. Ein derart bedeutendes Zentrum der Wirtschaft, des internationalen Handels und damit der Information erwies sich auch als ergiebiger Boden für den Protestantismus. Luthers Anhänger auf dem Dürrn-

berg forderten vor allem freie Predigt, freie Wahl der Pfarrer und das Ende der Leibeigenschaft. Deshalb wurden 70 von ihnen des Landes verwiesen.
Die nächste Krise bahnte sich im Innergebirg an, wo evangelische Prädikanten (Prediger) geheim Hausandachten abhielten, Luthers Lehre verbreiteten und den Schmuggel mit „lutherischen Büchern" organisierten. Der kritische Punkt wurde 1730 erreicht: Als die Obrigkeit den Protestanten Strafen für den Fall androhte, dass sie nicht zum Katholizismus zurückkehrten, wandten sich evangelische Bauern im Namen von 19.000 Glaubensgenossen an ihre deutschen Brüder. Diese Zahl war offensichtlich ohne Wissen der Behörden ermittelt worden und alarmierte den Fürsterzbischof Firmian. Er erklärte die widersetzlichen Untertanen zu (politischen) Rebellen.
Daraufhin versammelten sich 1731 rund 150 Vertreter der Pongauer Protestanten geheim in Schwarzach. Sie versicherten in einer Proklamation, dass sie der Obrigkeit „in allen leiblichen Sachen gehorsam sind und nicht widerspenstig, ausgenommen, was die Lehr anbelangt. Die ist nicht unser, sondern Gottes, und Gott sind wir einen größeren Gehorsam schuldig als den Menschen." Als Zustimmung zu diesem Dokument tauchten sie nach Art der Schmiede einen Finger in ein Salzfass und führten ihn zum Mund. Daher das Schimpfwort „Salzlecker" für die Protestanten. Als Folge dieses „Salzburger Rütlischwurs" bekannten sich 20.678 Personen aus dem Pongau und dem Pinzgau vor amtlichen Kommissionen zum evangelischen Glauben.
Firmian antwortete darauf mit dem „Emigrationspatent": „... Landesfürstliche Hoheit und Gewalt gegen diese Bösewichter zu gebrauchen und sie als Abtrünnige und rebellische, aufrührerische und widersetzliche Bösewichter nunmehr gänzlich und von der Wurzel aus zu vertilgen. Sie müssen emigrieren und bei schwerer an Gut und Leben gehender Strafe fürderhin dieses Erzstift meiden." Er gab ihnen drei Monate Zeit, obwohl die rechtsgültige Frist für solche Ausweisungen drei Jahre vorsah. Damit verloren die Betroffenen – darunter auch schwer Verschuldete – die Möglichkeit, ihr Hab und Gut fair zu verkaufen.
Die humanitäre Katastrophe dieser Tragödie war unermesslich, die ökonomische kaum geringer: Im Herbst 1732 standen in den Gebirgsgauen 1775 Höfe leer. Also fiel deren Steuerleistung aus und der Immobilienmarkt brach wegen dieses „Überangebots" zusammen. Um einen Bruchteil ihres Wertes gingen diese Höfe langsam an Zuwanderer aus Tirol und der Steiermark.
Das protestantische Preußen empfing rund 16.000 Salzburger „Exulanten" begeistert. König Friedrich Wilhelm I. siedelte sie mit massiver materieller Unterstützung als Kolonisten in Ostpreußen

an. Er hatte mit etwa 6000 Emigranten gerechnet. Doch als immer mehr Salzburger eintrafen, bemerkte er: „Gott Lob! Was tut Gott dem Brandenburgischen Haus für eine Gnade!“ Und er fügte hinzu, dass „so viele kommen mögen, wie da wollen“.
Erst 1966 leitete Erzbischof Andreas Rohracher die Versöhnung mit den Protestanten ein. Er besuchte unsere protestantischen Mitbürger in ihrer Christuskirche und bat sie um Verzeihung für das horrende Unrecht, das ihnen seine Amtsvorgänger zugefügt hatten.
Die Wege der verfolgten Protestanten zu ihren geheimen Kultstätten sind also auch den Salzburger Pilgerwegen zuzurechnen.

Die Wege des heiligen Jakobus

Jakobus der Ältere lebte als Fischer am See Genezareth und folgte mit seinem Bruder Johannes der Einladung Jesu, ihm zu folgen. Nach der Überlieferung verkündete Jakobus später den christlichen Glauben in der Gegend von Samaria und in Jerusalem. Deshalb wurde er um das Jahr 43 ohne Verfahren enthauptet – als erster der Apostel. Dann verlieren sich seine Spuren in Legenden.
Nach der ältesten überführten Gläubige die Gebeine des Heiligen im Jahr 70 von Jerusalem zum Berg Sinai und gründeten dort zu seinen Ehren ein Jakobskloster – das heutige Katharinenkloster.
Spaniens beliebteste Überlieferung erzählt, dass Jakobus nach der Himmelfahrt Christi zur Iberischen Halbinsel segelte, dort predigte und Jünger mit der Prophezeiung warb, dass sich nach seinem Tod unzählige Menschen bekehren würden. Sein Grab wurde vergessen. Doch Ende des 8. Jh. erschien er einem Eremiten auf dem „Sternenfeld“ (lateinisch *campus stellae*, spanisch „Compostela“). Also wurde dort 813 mit dem Bau des Wallfahrtszentrums Santiago (spanisch für „heiliger Jakobus“) begonnen und am 25. Juli 816 der Leichnam des Heiligen in der neuen Kirche beigesetzt.
Eine andere Legende berichtet hingegen, dass ein spanischer Bischof im 11. Jh. das Haupt des Heiligen von der wiederentdeckten Grabstätte in Jerusalem nach Santiago gebracht habe.
Offensichtlich hängen diese widersprüchlichen Legenden damit zusammen, dass die Kirche im Mittelalter einen blühenden Reliquienhandel trieb. Denn Kirchen durften nur über Reliquien von Heiligen errichtet werden, also stieg der Bedarf an Reliquien, zumal von frühchristlichen Heiligen, enorm an. Ausgestellte Reliquien sind als *Memento mori* zu werten – als eine Erinnerung an den unausweichlichen Tod und an Tugenden jener, die den Christen als Vorbilder dienen.

Vom 11. bis zum 15. Jh. überflügelten die Besucherzahlen des Wallfahrtsorts Santiago sogar Rom und Jerusalem. In Skandinavien hieß Spanien damals „Jakobsland". Parallel zu dieser Entwicklung erschütterte Spanien eine turbulente Geschichte. Im Jahr 711 waren Araber und Mauren von Marokko nach Westeuropa vorgestoßen. Sie wurden erst 732 in der Schlacht zwischen Tours und Poitiers gestoppt und auf die Iberische Halbinsel zurückgeworfen. Dort allerdings entwickelten sie, vor allem in Andalusien, die einzigartige maurische Kultur zur Hochblüte. Sie brachten auch die griechische Philosophie nach Westeuropa. Und in Spanien siedelten sich Juden an, die etwa mit dem Gelehrten Moses Maimonides großen Einfluss auf die europäische Geistesgeschichte ausübten.

Der Patron von St. Jakob am Thurn

Jakobus kann nichts dafür, dass ihn die Spanier im 9. Jh. zur Symbolfigur im Kampf gegen die Mauren und Juden erkoren. Nach einer begeisternden Legende führte nämlich Jakobus hoch zu Ross ein kleines Heer gegen die Mauren und schlug sie 844 in der Schlacht bei Clavijo. Daher rührt leider der Missbrauch mit Jakobus, wie ihn Christen mit keinem anderen Heiligen trieben. Man feierte ihn als „Matamoros" (Maurentöter). Und mit dem Schlachtruf „Santiago" begann im 11. Jh. die Rückeroberung („Reconquista") Spaniens von den Mauren. Dieser Krieg gewann im 12. Jh. den Charakter eines Kreuzzugs.

Im Jahr der Entdeckung Amerikas, 1492, waren Mauren und Juden schließlich von der Iberischen Halbinsel vertrieben und ihre Kulturen zerstört. Mit dem Schlachtruf „Santiago" eroberte nun Hérnan Cortés von 1519 bis 1521 Mexiko und zerschlug die Kultur der Azteken. Ein Jahrzehnt später plünderte Pizarro unter

Gois bei Salzburg, Startpunkt des Jakobsweges nach Faistenau

Santiagos Fahne in einem beispiellosen Raubzug das Reich der Inka in Südamerika. Damit diese Eroberer und ihre Nachfahren aber den Seeweg nach Amerika nicht verfehlten, benützten sie den Heiligen sogar als Orientierungshilfe. Sie lasen am „Jakobsstab" – einer gezinkten Stange – die optische Distanz zwischen Horizont sowie Sonne bzw. einigen Sternen ab und bestimmten so ihre Position auf dem Atlantik. Erst um 1700 ersetzte die christliche Seefahrt den „Jakobsstab" durch den ungleich genaueren Sextanten.

Ungeachtet dieser Geschichte besuchen jetzt jährlich an die zehn Millionen Touristen und Pilger Santiago de Compostela. Für sie ist Jakobus längst nicht mehr der „Matamoros"; er kann schließlich weder für den mittelalterlichen Missbrauch seines Namens etwas noch für widersprüchliche Legenden oder gar für seine Reliquien. Sein Wahrzeichen ist die Muschel, sie ist das Zeichen der Pilger auf dem „Camino".

Der Jakobsweg von Salzburg bis Santiago misst je nach Variante mindestens 2000 Kilometer. Ein sehr ausdauernder Geher müsste dafür etwa zweieinhalb Monate veranschlagen – Pausen zum Rasten und zur Pflege der strapazierten Füße gar nicht einge-

rechnet. Für ein derart aufwändiges Unternehmen reicht kein kollektivvertraglicher Urlaub. Deshalb setzte das Pilgerbüro in Santiago de Compostela die vernünftige Norm, dass jeder die ersehnte Pilgerurkunde erhält, der wenigstens 100 km zu Fuß oder 200 km mit dem Fahrrad auf dem „Camino“ bewältigt hat. Jedes Jahr erfüllen rund 100.000 Menschen diese Mindestanforderung. Katholiken halten Reliquien von Heiligen für verehrenswürdig. Folglich besteht kein Unterschied zwischen den Reliquien des heiligen Jakobus in Santiago oder denen in den elf Jakobuskirchen im Land Salzburg. Zu all diesen Kultstätten führen „Jakobswege“, auch wenn sie nicht immer diesen ehrwürdigen Namen tragen.
Der „offiziell“ beschilderte (und deshalb hier nicht beschriebene) Jakobsweg durch Salzburg misst zwischen Straßwalchen und Marzoll sowie vom Steinpass zum Pass Strub 55 km. Die in diesem Buch eingeführten vier „inoffiziellen“ Salzburger Jakobswege kommen insgesamt auf 103 km: Gois – Faistenau 36 km, Faistenau – Obertrum 30 km, St. Michael i. Lg. – Tamsweg 25 km und Wald – Krimml 12 km. Theoretisch brächte man also auch in Salzburg die Vorleistung für die Pilgerurkunde in Santiago zu Stande.

Die Jakobskirche in Gois

Maria Plain

Salzburgs bedeutendste Marienwallfahrt

Anfahrt/Ausgangspunkt: Mit dem Obus zur Haltestelle Plainbrücke.
Wegverlauf: Plainbrücke – Kalvarienberg – Maria Plain.
Anforderung: Von der Plainbrücke nach Maria Plain und zurück 3 km Distanz, 100 Hm Anstieg, 1 Std. Gehzeit. Variante zu Fuß ab Staatsbrücke nach Maria Plain und über Bergheim zurück zur Staatsbrücke: insgesamt 12 km Distanz, 100 Hm Anstieg, 3 Std. Gehzeit.

Während des Dreißigjährigen Kriegs brandschatzten schwedische Soldaten 1622 den niederbayerischen Ort Regen. Ein Maria-Trost-Bild überstand damals unversehrt den Brand eines Bäckerhauses. Durch private Kontakte kam dieses Bild nach Salzburg und wurde 1652 erst in einem Holzkasten, bald aber in einer achteckigen Kapelle auf dem Plainberg zur Verehrung aufgestellt. Wegen des wachsenden Zulaufs ließ Fürsterzbischof Max Gandolf von Kuenburg 1671 bis 1674 die Basilika bauen, 1751 krönte Fürsterzbischof Andreas Jakob von Dietrichstein die Madonna und das Jesuskind. Hartnäckig hält sich der Irrtum, dass Mozart für diesen Anlass die „Krönungsmesse" komponiert habe – er wurde erst 1756 geboren.
Bereits ab 1697 häuften sich Berichte über wunderbare Gebetserhörungen. Die erhaltenen Votivtafeln dokumentieren eindringlich, wegen welcher Nöte die Menschen auf den Plainberg pilgerten. Und so überflügelte das stadtnahe Maria Plain sehr bald die

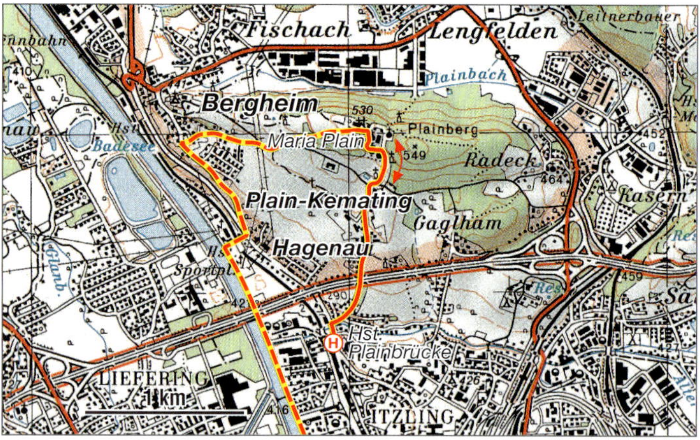

beliebten Wallfahrtsorte Dürrnberg und Großgmain. Der klassische Pilgerweg nach Maria Plain beginnt an der Gabelung Elisabethstraße/Rainerstraße. Ehe 1860 die Eisenbahn Salzburg erreichte und die Schleifung der Bastionen rings um die Neustadt begann, dehnte sich vom Mirabelltor (heute Beginn der Rainerstraße) freies Gelände bis hinauf nach Maria Plain. Der Bildstock in einer Nische gegenüber dem Kieselgebäude stand damals frei am Wegrand. Es zeigt das erste von 15 Gesätzchen des Rosenkranzes (dazu Seite 16). Den Pilgerweg säumen noch 14 weitere Bildstöcke. Die ersten acht Stationen des Rosenkranzes sind im dichten Siedlungsgebiet bis zur Plainbrücke schwer zu entdecken, etliche wurden auch versetzt.

Maria Plain, die beliebte „Hauswallfahrt" der Salzburger

Wegverlauf

Auch wegen des Verkehrs beginnen wir den Pilgerweg erst bei der 9. Station an der **Plainbrücke**. Schon nach 50 m fällt rechts am Plainbergweg das Bild der Plain-Madonna auf schlanker Säule mit Lobpreisungen aus der Marienlitanei auf. Wir wandern auf dem **Plainbergweg** bergan, unterqueren die Autobahn bis knapp vor der Abzweigung nach links zum Kalvarienberg. Hier verdient eine Votivsäule am rechten Wegesrand Aufmerksamkeit: Ein anonymer Salzburger stiftete sie (und die 15 Stationen des Rosenkranzes) 1705 als „inbrünstiges Deo Gratias". Er begründet das in ebenso demütiger wie drastischer Diktion damit, dass Maria das Erzstift Salzburg 1668 trotz eines bedrohlichen Zeichens am Himmel (einem unerklärlichen Nordlicht am 26. Dezember!) und 1704 (Türkengefahr und Spanischer Erbfolgekrieg) vor der Strafrute Gottes bewahrt hat.
Den letzten Aufschwung zur **Wallfahrtskirche** bildet der Kalvarienberg, den Erzbischof Johann Ernst von Thun um 1686 von oben her aufschütten und bis 1692 von Stiftern mit Kapellen schmücken ließ. In vier Kapellen und mit der Kreuzigungsgruppe werden nochmals die Stationen des schmerzhaften Rosenkranzes recht realistisch dargestellt. Nun folgt eine Allee von Obstbäumen hinauf zur Kapelle mit der Pietà Franz Schwanthalers von 1730.

Antonius von Söllheim

Die Rettung eines verschollenen „Pfefferschiffs“

Anfahrt/Ausgangspunkt: Mit dem Obus Richtung Linz nach Langwied.
Wegverlauf: Langwied (Obus-Endstation) – Söllheim – Bushaltestelle Mauermannstraße.
Anforderung: 4 km Distanz und 1 Std. Gehzeit.

Die Antoniuskirche in Söllheim

1666 sah es ganz danach aus, als hätten Salzburger Handelsherren ein Schiff voll horrend teurer Gewürze aus dem Orient im Mittelmeer verloren. Das Schiff war in Venedig längst überfällig. Da riskierte der Meraner Zuwanderer Johann Kaufmann seine gesamten Ersparnisse und kaufte den Miteignern die Schiffsladung sehr preiswert ab. Er gelobte dem heiligen Antonius den Bau einer Kirche, sollte das verschollene „Pfefferschiff“ doch noch auftauchen. Es landete nach Wochen quälenden Bangens in Venedig, und Kaufmann strich einen enormen Gewinn ein. Damit erwarb er 1684 das Gut Söllheim, baute sich darauf ein Schlösschen und daneben dem heiligen Antonius die versprochene Kirche. Als Kaufmann 1711 starb, hinterließ er ein Vermögen von umgerechnet rund 3,6 Mio. Euro.

St. Antonius in Söllheim, davor Statue des Johannes v. Nepomuk

Die Antoniuskirche entwickelte sich sehr schnell zu einer Kultstätte – trotz der Proteste der Benediktiner von Maria Plain, die das Abwandern der Pilger und so den Rückgang der Opfergaben befürchteten. Dieser vermeintlich sehr irdische Geschäftssinn ist darauf zurückzuführen, dass sich Klöster, Pfarren und Wallfahrtsorte selbst erhalten mussten. Sie erhielten Land als „Pfründen“, deren Ertrag ihren Bestand,

Der heilige **Antonius von Padua** (1195–1231) zählt zu den populärsten Volksheiligen, weil er für das Gelöbnis eines Opfers dabei hilft, Verlorenes wiederzufinden. Er wurde in Lissabon geboren, trat in den Orden der Augustiner ein, wechselte später zu den Franziskanern, wirkte in Marokko, Frankreich, Sizilien sowie in Oberitalien und starb in Padua. Seine Verehrung setzte im 17. Jh. ein. Er wird mit den Attributen Lilie (Keuschheit), Buch (Gelehrsamkeit) und dem Jesuskind auf dem Arm dargestellt, weil es ihm einmal erschienen war.

die Erhaltung der Gebäude und den Lebensunterhalt ihrer Diener sicherte. Zur finanziellen Basis zählten Schenkungen aller Art, Münzen im Opferstock, Sammlungen während des Gottesdienstes und Gebühren für geistliche Dienstleistungen wie Taufen, Eheschließungen oder Begräbnisse. Erst im 20. Jh. kam die so genannte Kirchensteuer hinzu. Opfergaben hatten somit für den Bestand von Pilgerstätten beträchtliche Bedeutung.

Wegverlauf

Von der Obus-Endstation **Langwied** 200 m weit stadtauswärts, nach links in den Maierwiesweg, gerade weiter in den Möslweg, der bei einer Kapelle in den Söllheimer Wanderweg (Trasse der Ischlerbahn) mündet, und dann noch ca. 700 m nach **Söllheim**. Zurück auf dem Söllheimer Wanderweg bis zur Bushaltestelle Mauermannstraße.

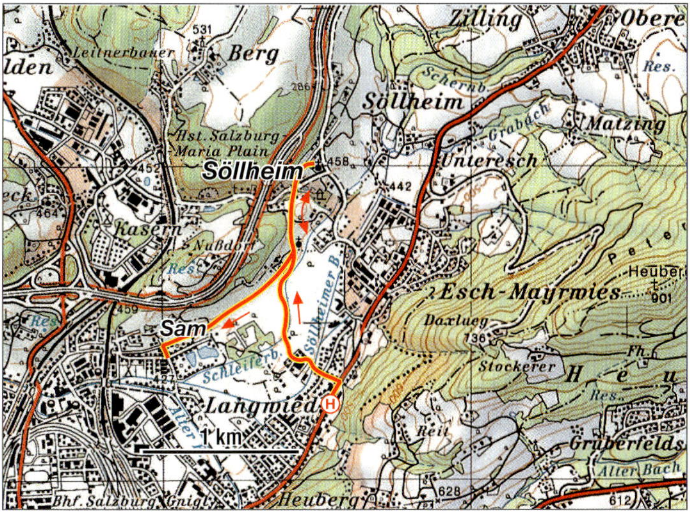

Kolomansberg, 1114 m

Einsame Holzkirche neben einer Radarstation

Anfahrt/Ausgangspunkt: Mit Bus oder Auto nach Thalgau; 1 km östlich des Ortszentrums nach links und gut 2,5 km hinauf nach Thalgauberg bis zu einer Linkskurve, wo ein Pfeil nach rechts zum Gehöft Schernthan weist; dort Parkmöglichkeit.
Wegverlauf: Thalgauberg – Schernthan – Kolomansberg – Rauchenschwandt – Thalgauberg.
Anforderung: 8 km Distanz, 350 Hm Anstieg, 2½ Std. Gehzeit.

Auf dem 1114 m hohen Kolomansberg stechen schon von weitem die beiden silbrigen Kugeln der Radar-Luftüberwachung des Bundesheeres ins Auge. Die ungewöhnliche Kolomanskirche gleich nebenan verbirgt dichter Wald. Man gewahrt sie erst, wenn man knapp vor ihr steht.

Österreichs älteste Holzkirche auf dem Kolomansberg

Nach der Legende rastete der **heilige Koloman** (Namenstag 13. Oktober) auf diesem Berg, als er zu Anfang des 11. Jh. von Irland nach Jerusalem pilgerte. Und weil ihn arger Durst quälte, entsprang auf seine Bitte hin gleich nebenan eine Quelle – das Kolomansbründl, dessen Wasser Fuß- und Augenleiden heilt (daher finden sich hinten in der Kirche etliche Krücken jener, die von ihrem Fußleiden genasen). Auf seiner Rückreise hielt man Koloman in Stockerau wegen seiner orientalischen Kleidung für einen Spion und knüpfte ihn 1012 an einem Baum auf, weil er trotz Marter mit Lanzenstichen, Zangen, Ruten und Steinen standhaft erklärte, er sei Pilger und kein türkischer Spion. Er wird als Pilger mit Hut, Stab und Flasche, mit einem Strick in der Hand oder um den Hals und mit den Werkzeugen seiner Marter dargestellt – auf dem Kolomansberg allerdings nur mit einem Stab und Hut. Man verehrt ihn als Patron des Viehs und Beschützer vor schlechtem Wetter.

Die älteste Holzkirche Österreichs

1511 schrieb ein Mönch des Klosters Mondsee dem Passauer Bischof, dass „seit Menschengedenken“ Wallfahrer zum heiligen Koloman auf diesen Berg pilgern; dort stehe nun die Statue des Heiligen in einem „zu einer Kapelle zugerichteten Bauernhaus“. Diesem Holzbau sprach der Bischof alsbald das Privileg von Gottesdiensten zu. So kam es auch, dass dieses Gotteshaus 1658 und 1754 zur Form von heute ausgestaltet wurde. Es ist die älteste Holzkirche Österreichs.
Bemerkenswert ist das Votivbild eines Anonymen hinten in der Kirche. Es zeigt Koloman als Pilger und Beschützer von Schafen. In Spiegelschrift erbittet der Schreiber um Fürbitte bei Gott und Beistand.

Wegverlauf

Zu Fuß leicht ansteigend ostwärts zum Gehöft **Schernthan**, noch 300 m weiter in den Wald bis zum klassischen Pilgerweg von Mondsee herauf; nach links (nordwärts, Markierung Nr. 8) auf dem bewaldeten Kamm zur Holzkirche empor. Abstieg ca. 400 m weit auf der Straße, dann nach links auf dem markierten Weg Nr. 6 hinunter nach **Rauchenschwandt** und – vor dem Panorama vom Schafberg bis zu den Chiemgauer Alpen – auf der Straße zurück zum Startpunkt.

Falkensteinkapelle und St. Wolfgang

Wo der Heilige den Teufel zum Kirchenbau zwang

Anfahrt/Ausgangspunkt: Mit Pkw oder Bus nach St. Gilgen am Wolfgangsee zum Start- und Zielpunkt der Wanderung, die an der Pfarrkirche beginnt. Rückkehr von St. Wolfgang nach St. Gilgen mit dem Schiff (Fahrplaninfo Tel.: 06138/2232-0).
Wegverlauf: St. Gilgen – Brunnwinkl – Fürberg – Kreuzigungskapelle – Falkensteinkapelle – Ried – St. Wolfgang.
Anforderung: 9 km Distanz, 200 Hm Anstieg, 3 Std. Gehzeit.

Der Pilgerweg über den Falkenstein nach St. Wolfgang beginnt in der Pfarrkirche zum heiligen Nothelfer Ägidius (dazu Seite 19). Auf dem Weg hinunter zum See halten wir beim Bezirksgericht an.

Der **heilige Wolfgang** kam um das Jahr 924 in Württemberg zur Welt, wurde vom heiligen Bischof Ulrich zum Priester geweiht, widmete sich der Missionierung Ungarns und wurde 972 zum Bischof von Regensburg bestellt. Nach der Legende entsagte er aus Bescheidenheit seinem Amt, entschied sich für das Leben eines Einsiedlers im Salzkammergut (sein Aufenthalt im Kloster Mondsee ist historisch verbürgt) und fand den dafür passenden Ort in einer Höhle auf dem Falkenstein. Seine Suche nach einem geeigneten Platz für eine Kirche durchkreuzte aber der Teufel, der auf dem Falkenstein einen Felssturz auslöste, um Wolfgang zu töten. Als dieser sich gegen die stürzenden Felsen stemmte, gab das Gestein wie weiches Wachs nach. Zum Dank für diese wundersame Rettung warf Wolfgang sein Beil weit von sich und gelobte, dort eine Kirche zu errichten, wo er das Beil fände. Es lag rund 4 km entfernt am Ufer des Wolfgangsees, wo heute die Pfarrkirche steht. Dort baute Wolfgang die erste Kirche und eine Einsiedelei. Dabei musste ihm der Teufel als Buße für sein misslungenes Attentat helfen. Jahre später entdeckte ein Jäger den Einsiedler Wolfgang und benachrichtigte die Regensburger, die nun ihren Bischof wieder heimholten. Wolfgang starb 994 und wird mit den Insignien eines Bischofs, mit Beil und Kirche sowie zuweilen mit einem dienenden Teufel dargestellt.
Die Verehrung des Heiligen erreichte im 14. und 15. Jh. ihren Höhepunkt. Damals nahmen alljährlich tausende Menschen den beschwerlichen Weg von Altötting hierher auf sich.

Mozart-Brunnen in St. Gilgen

Hier dokumentiert ein Museum, warum St. Gilgen „Mozartdorf am Wolfgangsee“ heißt. In diesem ehemaligen Pfleggericht wirkte Mozarts Großvater Wolfgang Niclas Pertl von 1716 bis 1724 als Pfleger (entspricht ungefähr den heutigen Ämtern eines Bezirkshauptmanns und Bezirksrichters). Dort wuchs Mozarts Mutter Anna Maria Walburga auf. Mit ihrer Familie übersiedelte sie nach dem Tod des Pflegers nach Salzburg und heiratete dort den von Augsburg zugewanderten Hofmusikus Leopold Mozart. Der Ehe entsprossen „Nannerl“ (1751–1829) und Wolfgang Amadeus (1756–1791). Das Mädchen wuchs unter Führung des Vaters zu einer ausgezeichneten Pianistin heran, heiratete 1784 den verwitweten St. Gilgener Pfleger Johann Baptist Berchtold von Sonnenburg und beklagte sich gelegentlich über die vier ungezogenen Kinder, die Berchtold in die Ehe mitgebracht hatte. Nannerl verwitwete 1801, erblindete 1825 und starb 1829 in Salzburg.

Am Seeufer entlang gelangen wir nach Fürberg, wo wir schließlich auf den Pilgerweg treffen, den vor einem Jahrtausend der heilige Wolfgang gewissermaßen eröffnet hat.

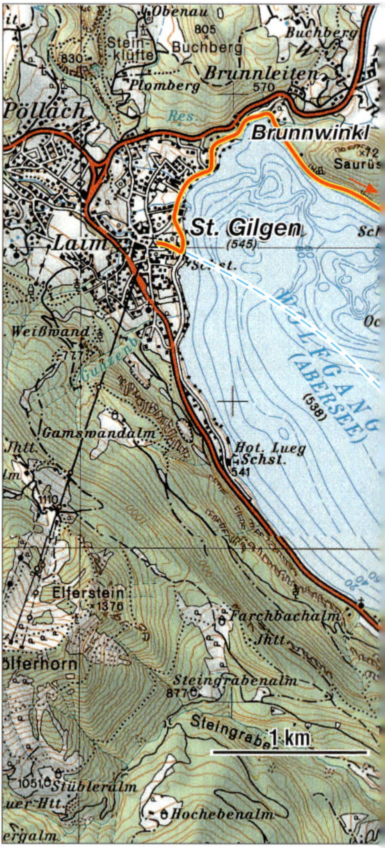

Wegverlauf

Von der Pfarrkirche hinab zum See. Vor dem See nach links in den Lienbacherweg, auf der alten Mondseer Straße ca. 700 m weit, nach rechts hinunter in den Brunnwinkl und auf dem Weg am Seeufer nach **Fürberg.** Hinter Fürberg steigt der Pilgerweg steil bis zur **Kreuzigungs-**

kapelle an. Gegenüber liegt ein Steinhaufen von 18 m Länge, 4 m Breite und gut 2 m Höhe. Ihn schichteten Pilger auf, die Steine als Bußübung von Fürberg heraufträgen. 200 m weiter befindet sich eine weite Mulde, an deren rechter Felsflanke 1626 die **Falkensteinkapelle** um die größte von jenen Höhlen errichtet wurde, in der Wolfgang als Einsiedler gelebt, gebetet und gefastet hatte. An der Ostseite dieser Mulde steht noch eine **Kapelle**, und zwar an jener Stelle, an der eine Quelle aus den Felsen entsprang, als Wolfgang – so erzählt es eine Legende aus dem 14. Jh. – während einer Zeit anhaltender Trockenheit mit seinem Stab gegen den Felsen schlug. Ihr Wasser gilt bis heute als heilkräftiges Mittel gegen Augenleiden. Am Felsen in dieser Kapelle erkennt man auch eine Delle und zwei dunkle Flecken – angeblich die Spuren von Haupt und Händen des Heiligen, als er sich gegen den teuflischen Felssturz stemmte. Wer mit seiner Stirn diese Delle berührt, wird Kopfschmerzen los.

Falkensteinkapelle am Weg von St. Gilgen nach St. Wolfgang

Etwa 150 m weiter ostwärts markiert eine **Kapelle** jene Stelle, von wo aus der Heilige sein Beil in die Tiefe geschleudert haben soll. Ab hier bergab und durch **Ried** zur Kirche von **St. Wolfgang**, die von 1430 bis 1480 auf den Brandruinen der alten Kirche erbaut wurde. Den großartigen Flügelaltar stellte Michael Pacher in Bruneck 1481 nach zehnjähriger Arbeit fertig.

Wegen drastischer Einschränkung des religiösen Brauchtums in der Aufklärung versiegte der Pilgerstrom. Doch in jüngerer Zeit erlebte die uralte Wallfahrt von Altötting über den Falkenstein nach St. Wolfgang wieder beträchtlichen Aufschwung. Dazu trug der neue Pilgerweg „Via Nova" erheblich bei, der vom niederbayerischen Kloster Metten nach Braunau und durch das Salzburger Seenland bis St. Wolfgang führt.

Sommerholz und Irrsdorf

St. Georg im ehemaligen Revier der Bären

Anfahrt/Ausgangspunkt: Mit dem Pkw oder der Bahn (Info Tel.: 0662/4660-330) über Straßwalchen nach Irrsdorf.
Wegverlauf: Irrsdorf – Taigen – Höhenroith – Sommerholz – Irrsberg – Irrsdorf.
Anforderung: 12 km Distanz, insgesamt gut 400 Hm Anstieg, 4½ Std. Gehzeit.

Dem heiligen Nothelfer Georg (dazu Seite 23) sind in Salzburg 16 Gotteshäuser geweiht. Jenes in Sommerholz sticht aus mehreren Gründen aus dem Kreis der Georgsheiligtümer heraus: Es liegt weithin sichtbar auf einem Ausläufer des Kolomansbergs. Am Namenstag des Heiligen (23. April) ist es Ziel eines ausnehmend stimmungsvollen Georgiritts. Die kleine Kirche wurde 1475 gebaut, im 17. Jh. erreichte die Wallfahrt ihren Höhenpunkt.
Unser Pilgerweg beginnt und endet im Marienwallfahrtsort Irrsdorf. Die erste Silbe des Ortsnamen beschreibt nicht etwa einen Geisteszustand, sondern die Angst der Römer vor den wilden Bä-

Sommerholz auf einem Ausläufer des Kolomansbergs

ren in dieser Gegend. Die Bajuwaren modelten den lateinischen *ursus* (Bär) dann über „ürs“ zu „irrs“ um, an dem wir heute den längst ausgerotteten Bären wirklich nicht mehr erkennen. Jedenfalls besteht auf dem Pilgerweg nach Sommerholz keine Gefahr mehr, einem hungrigen Bären über den Weg zu laufen.

Wegverlauf

Ab **Irrsdorf** (548 m) ca. 700 m südwärts, nach rechts unter der Eisenbahn hindurch, an **Taigen** vorbei und ca. 200 m weiter zwischen zwei Höfen nach rechts. Auf einem Feldweg nach **Höhenroith** und weiter hinauf nach **Sommerholz** (776 m). Rückweg wie Hinweg oder bis Höhenroith und dort nach links (Markierung 55) rund 200 Hm hinauf auf den **Irrsberg** (844 m) und durch den Wald zurück nach **Irrsdorf**.

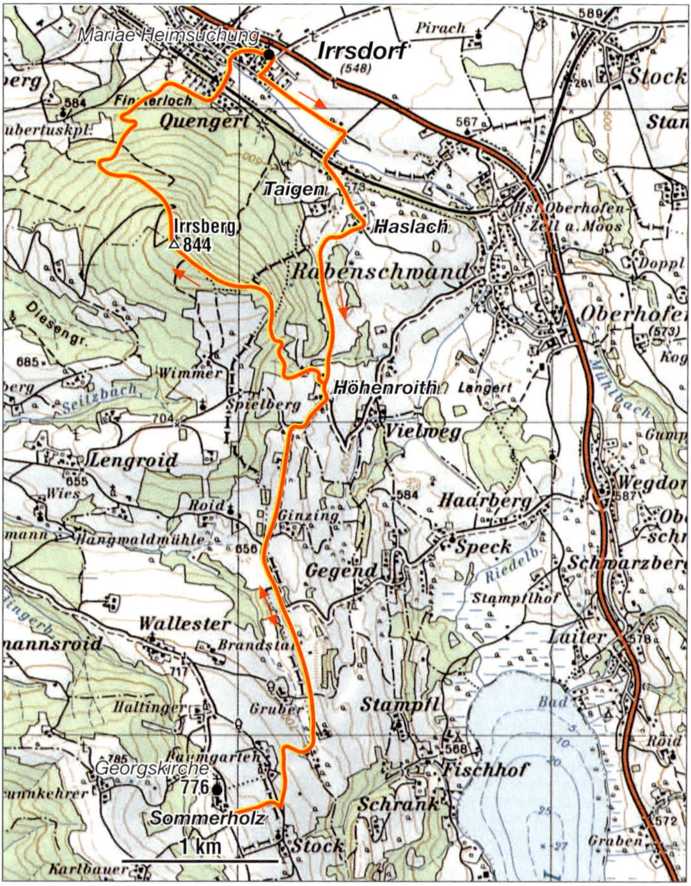

Das Portal von Irrsdorf: Maria besucht ihre Base Elisabeth.

Mariae Heimsuchung

Zweite Station dieser Pilgerfahrt ist die Wallfahrtskirche Mariae Heimsuchung in Irrsdorf, deren gotisches Portal aus der Zeit um 1400 eine Rarität von europäischem Rang ist. Es stellt die Begegnung („Heimsuchung“) der Cousinen Maria (links mit dem Strahlenkranz) und Elisabeth dar, die eine schwanger mit Jesus, die andere, schon um einige Monate länger, mit Johannes (dem Täufer). Um die Schwangerschaft jedermann augenfällig zu machen, tragen beide Frauen ihr winziges Baby vorne am Bauch. Diese Reliefs illustrieren den Bericht im Lukasevangelium, nach dem Maria nach der Verkündigung durch den Erzengel Gabriel zu Elisabeth eilte, um ihr die Geburt Christi anzukündigen. Bei ihren Worten „hüpfte das Kind in Elisabeths Schoß vor Freude“. Maria hingegen entzückte der Anblick Elisabeths, die wegen ihres vorgerückten Alters als unfruchtbar galt. Vor diesem Hintergrund pilgerten einst Frauen zum gotischen Gnadenbild Mariens mit dem Jesuskind auf dem Hochaltar und beteten um Kindersegen.

Mattsee und Michaelbeuern

Zwischen zwei frühmittelalterlichen Klöstern

Anfahrt/Ausgangspunkt: Mit dem Postbus nach Mattsee und Rückkehr von Michaelbeuern mit dem Bus (Fahrplaninfo Tel.: 0662/4660-330). Ausgangspunkt ist die Mattseer Stiftskirche.

Wegverlauf: Mattsee – Zellhof – Fraham – Kernwimm – Berndorf – Krispelstätt – Baumgarten – Durchham – Michaelbeuern.

Anforderung: 14 km Distanz, 250 Hm Anstieg, 4 Std. Gehzeit.

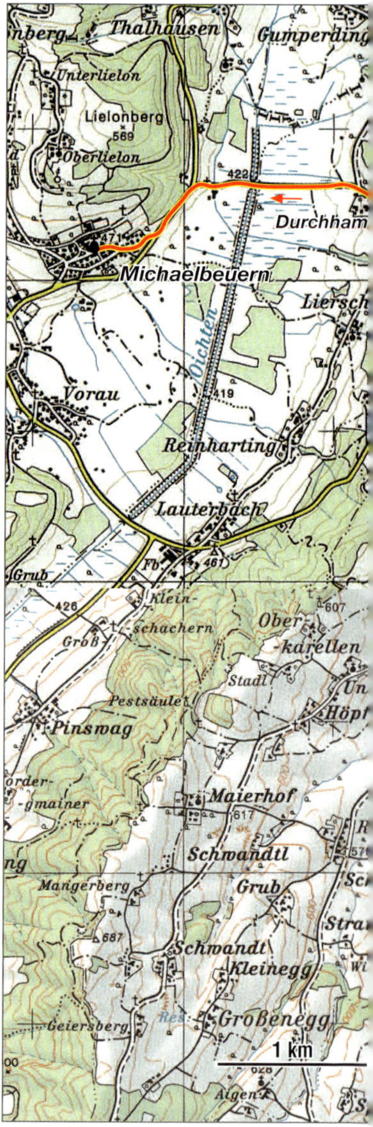

Klöster bildeten seit jeher Stützpunkte für müde Wanderer an den langen Pilgerwegen nach Rom, Jerusalem oder Santiago de Compostela. In unserem Land wurden sie nach den Stürmen der Völkerwanderung als Stützpunkte der Kultivierung angelegt und von den Herrschern reichlich mit Grund als materieller Basis bedacht. So entstanden z. B. St. Peter, Mattsee und Michaelbeuern.

Kultivierung – das hieß Rodung, Ackerbau und Viehzucht sowie Unterweisung der Menschen im Glauben, in Landwirtschaft und in den Kulturtechniken des Schreibens und Lesens. Folgerichtig gewannen die Klöster eine führende Rolle in Literatur, Wissenschaft und Kunst. Das Laterankonzil verpflichtete 1215 die Klöster ausdrücklich, Schulen gegen Entgelt einzurichten, damit die unverzichtbare wirtschaftliche Entwicklung ausreichend Nachschub an „Gebildeten" bekäme. Das erklärt, warum die Klöster oft als Bildungszentren in die Einöden gesetzt wurden und im weiten Umkreis Pfarren gründeten. Zugleich entwickelten sich Klöster zu Zentren der Heilkunde mit eigenen Heilkräutergärten und rückten damit selbst auch zu Pilgerzielen auf. Auf dem Weg von Mattsee nach Michaelbeuern folgen wir also auch den uralten Spuren jener Menschen, die in Klöstern Hilfe in ihren Nöten suchten.

Das **Stift Mattsee** wurde um 770 als Benediktinerkloster gegründet, 817 zur Reichsabtei erhoben und im 11. Jh. in ein Kollegiatsstift von Weltpriestern umgewandelt, die ringsum die Pfarren betreuten. Die Stiftskirche stammt aus dem 13. Jh. und wurde um 1700 in ausnehmend üppigem Barock ausgestaltet. Sie ist dem heiligen Erzengel Michael geweiht, dem Fürsten der Engelsheere, Beschützer der Kirche und Kämpfer gegen alle gottesfeindlichen Mächte. Er wird mit der Seelenwaage dargestellt, als Paradieswächter Sieger über den Satan oder den Drachen.

Wegverlauf

Von der **Mattseer Stiftskirche** nach der Markierung „Arnoweg" nordwärts über die Landenge zwischen den beiden Trumer Seen. Nach gut 1 km westwärts über **Zellhof** nach **Fraham**, über die Landstraße, nach 50 m nordwärts vorbei an einem Sportplatz, durch ein Waldstück und über eine Wiese hinauf nach **Kernwimm**. Auf dem breiten Rücken nach rechts (Wegweiser Stemesedt) bis zum Wegweiser Flurnsbach. Dort wieder nach links durch eine Senke zum **Kreuzweger Hof**. Hier abermals nach links und am Ende eines Reitplatzes nach rechts 600 m weit nach Berndorf. Nun auf der Landstraße gut 1 km weiter bis zur bezeichneten Abzweigung der Radroute „Salz & Seen". Hier nach rechts über **Krispelstätt** und **Baumgarten** hinunter nach **Durchham** und auf der Straße rund um das geschützte Großbiotop „Oichten-Riede" nach **Michaelbeuern**.

Michaelbeuern scheint erstmals 817 in Dokumenten auf, die Stiftskirche – wie jene in Mattsee dem Erzengel Michael geweiht – stammt aus dem 11. Jh. und wurde im 17. Jh. barockisiert. Ausnehmend lohnend ist die Führung durch dieses Kloster, das heute noch dem kirchlichen Auftrag nachkommt, eine Bildungsstätte zu unterhalten.

Maria am Mösl in Arnsdorf

Erinnerung an den Komponisten von „Stille Nacht“

Anfahrt/Ausgangspunkt: Mit der Lokalbahn ab Salzburg zur Haltestelle Ziegelhaiden (Oberndorf), von hier auch Rückfahrt (Fahrplaninfo Tel.: 0662/4480-1500).
Wegverlauf: Oberndorf – Ziegelhaiden – Gunsering – Arnsdorf – Mittergöming – Kirchgöming – Oberndorf.
Anforderung: 8 km Distanz und 2 Std. Gehzeit.

In ganz Salzburg hält nur das kleine Bauerndorf Arnsdorf den Namen des Bischofs Arno wach, der 785 zum Erzbischof von Salzburg ernannt wurde. In Arnos Bestandsaufnahme des Salzburger Kirchenbesitzes von 788 findet sich unter vielen anderen Orten im Alpenvorland schon die *Ecclesia Arnonis* im heutigen Arnsdorf. Als Maria am Mösl (Mösl = kleines Moor) hält sie die Fachwelt für Österreichs älteste Marienwallfahrt, zu der schon Arno gepilgert sein soll. Seine Nachfolger halten sich jedenfalls bis heute an die-

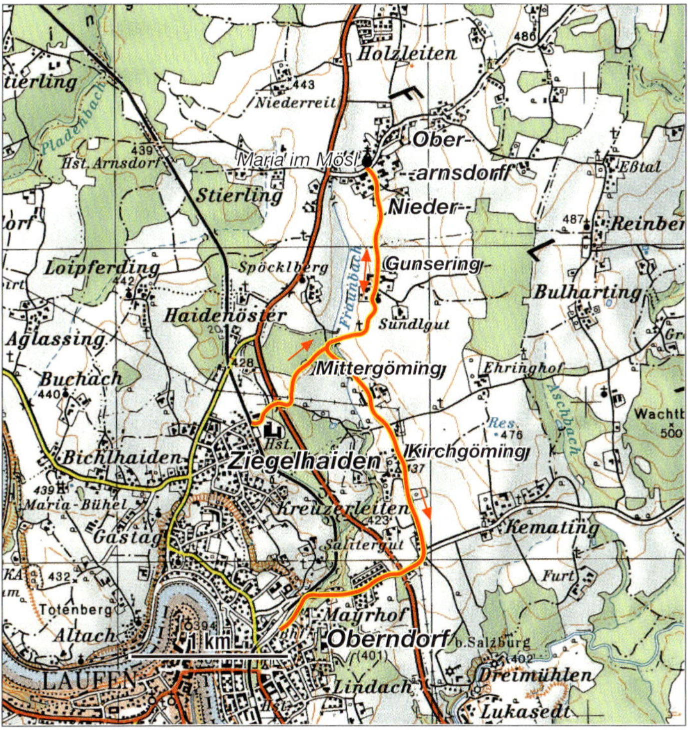

Die Geschichte der Wallfahrt zur **Maria am Mösl** liegt bis in jene Zeit im Dunkeln, als die blühende Wallfahrt im 16. Jh. einer größeren Kirche bedurfte.
Nach der Legende verschwand damals die Marienstatue, und man beschloss, dort ein Gotteshaus zu errichten, wo man die Statue wiederfände. Die Statue wurde gefunden, doch der Fundort verweigerte sich dem Beschluss: So viel Baumaterial auch herangeschafft wurde – über Nacht lag es immer wieder vor der alten Wallfahrtskirche. Mit diesem Wunder zeigte Maria an, dass sie genau an dieser Stelle wieder ein Gotteshaus wünsche.
Aufmerksamkeit verdient im Glockenhaus ein Stein, der wie ein Brotlaib geformt ist. Er stammt von einer Bäuerin, die Gott herausforderte, indem sie in der Christnacht Brot buk statt zur Christmette zu gehen. Als sie die Laibe aus dem Backofen nehmen wollte, lagen darin nur mehr runde Steine. Zu Tode erschrocken, ging die Bäuerin fortan täglich zur heiligen Messe. Und ein versteinerter Brotlaib wurde in der Kirche als Warnung aufgehängt, dass Gott jeden Frevel bestraft.

ses Beispiel. Neben der Wallfahrtskirche steht das 1771 errichtete Schulhaus, in dem auch der Lehrer (zugleich Organist und Mesner) wohnte. Es trägt den Namen von Franz Xaver Gruber, dem Komponisten des weltberühmten Weihnachtsliedes „Stille Nacht“. Er lebte und wirkte hier von 1807 bis 1829 mit Frau und zwölf Kindern – und lebt fort im sehenswerten Museum in diesem Haus (Öffnungszeiten Tel.: 06274/7453).

Wegverlauf

Von der Lokalbahn-Haltestelle **Ziegelhaiden** ostwärts an der Druckerei vorbei, unter der Schnellstraße hindurch, wenig später nach links (nordwärts) und über **Gunsering** durch offenes Bauernland nach **Arnsdorf**.
Den Rückweg nehmen wir über **Mitter**- und **Kirchgöming** nach **Oberndorf**. Eine Legende erzählt nämlich, dass der heilige Wolfgang im 10. Jh. auf seinem Weg von Regensburg nach Mondsee in Kirchgöming Rast gemacht habe. Weil die kleine Kirche versperrt war, stieg er auf einen Stein, um durch das Fenster zu schauen. Da habe der Stein nachgegeben und Wolfgangs Fußabdruck aufgenommen. Seither pilgern Menschen mit Beinleiden hierher und stellen ihren kranken Fuß in diesem Abdruck, damit das Leiden geheilt werde.

Hochaltar in Arnsdorf: Maria mit den Heiligen Joachim und Anna

Maria Bühel bei Laufen

Wallfahrt zur Patronin der Salzachschiffer

Anfahrt/Ausgangspunkt: Von Salzburg mit der Lokalbahn (Fahrplaninfo Tel.: 0662/4480-1500) oder dem Pkw nach Oberndorf. Ausgangspunkt ist die Pfarrkirche.
Wegverlauf: Oberndorf – Laufen – Maria Bühel – Oberndorf.
Anforderung: 6 km Distanz, 2 Std. Gehzeit.

Der neue „Europasteg" in Laufen erschließt nach hundertjähriger Unterbrechung wieder den alten Pilgerweg nach Maria Bühel. Vor einem Jahrhundert nämlich wurde (Alt-)Oberndorf wegen permanenter Überschwemmungen von der Salzachschleife rund einen Kilometer flussaufwärts verlegt. Das hatte zur Folge, dass 1902/03 eine moderne Salzachbrücke von (Neu-)Oberndorf nach Laufen geschlagen und die alte Holzbrücke, die nun nicht mehr den Anforderungen entsprach, abgebaut wurde.

Maria Bühel

Der Laufener Stadtpfarrer Georg Ciurletti verehrte in seinem Haus ein Marienbild, das er den Gläubigen zugänglich machen wollte. Deswegen erwarb er auf der Hochfläche nördlich von Laufen ein Grundstück und errichtete dort 1663 für das Maria-Hilf-Bild eine Holzkapelle. Zudem nutzte er das Öl aus dem Lämpchen vor der Madonna zur Heilung von Kranken. Wegen des wachsenden Andrangs von Pilgern wurde die Kapelle bereits 16 Jahre später durch eine Kirche ersetzt und dann 1719 bis 1721 zur heutigen Form erweitert. Besonders die Oberndorfer Salzachschiffer verehrten die Muttergottes und pflegten bei der Fahrt am Bühel vorbei das Stoßgebet zu verrichten: „Unsere liebe Frau vom Büchel und Plain, steht's uns bei und verlasst's uns nicht." Ein verständlicher Hilferuf, denn damals waren fast alle Schiffer und Flößer Nichtschwimmer, die in kritischen Situationen in arge Bedrängnis kommen konnten. Laufen war bis zur Neuordnung Europas nach den napoleonischen Kriegen die zweitälteste Stadt des Erzbistums Salzburg und der bevorzugte Platz für die Salzfrächter.

Josef Mohr und „Stille Nacht"

Das Zentrum von Alt-Oberndorf bildet der Stille-Nacht-Platz. Dort befindet sich am früheren Standort der Pfarrkirche St. Nikola heute die Stille-Nacht-Kapelle. Links dahinter steht noch der ehe-

Das letzte Stück des Anstiegs von Laufen nach Maria Bühel

malige Pfarrhof (Hausnummer 3). Eine Tafel weist darauf hin, dass Josef Mohr hier von 1817 bis 1819 als Hilfspriester wohnte und das Lied „Stille Nacht" dichtete.

Mohr erblickte 1792 in Salzburg als Sohn einer ledigen Stickerin und eines Soldaten aus dem Lungau das ärmliche Zwielicht dieser Welt, schaffte dank Gönnern, Geigenspiel und Chorgesang das Studium mit Auszeichnung, empfing 1815 die Priesterweihe und starb 1848 als Pfarrvikar in Wagrain.

An seiner ersten Wirkungsstätte als Kooperator in Mariapfarr schrieb Mohr 1816 den Text „Stille Nacht". 1817 wurde er nach Oberndorf versetzt und freundete sich mit dem Arnsdorfer Lehrer und Organisten Franz Xaver Gruber an, der auch als Kantor in Oberndorf wirkte und Kirchenmusik komponierte. Weil die Oberndorfer Kirchenorgel 1818 ausgerechnet vor Weihnachten ihren Geist aufgegeben hatte, ersuchte Mohr seinen Freund, sein „Stille

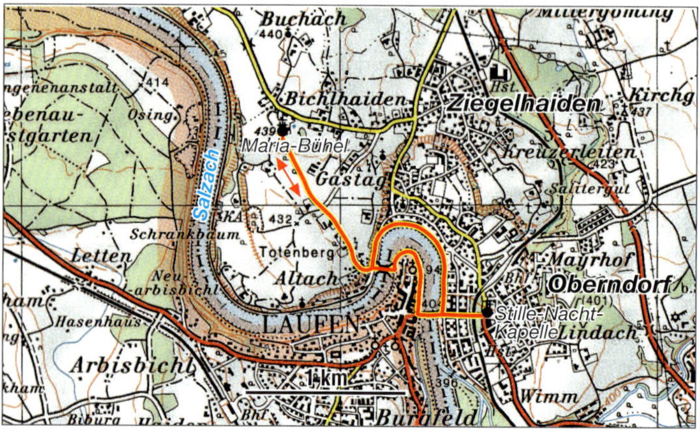

Nacht“ zu vertonen. Beide brachten das Lied 1818 in der Christmette zweistimmig mit Gitarrenbegleitung erstmals zu Gehör. Als der Zillertaler Orgelbauer Karl Mauracher 1825 die Oberndorfer Kirche mit einem neuen Instrument ausstattete, stieß er auf dieses Lied und brachte es mit zurück ins Zillertal. Zillertaler Sängergruppen verbreiteten es dann auf ihren weiten Reisen bis in die USA als Tiroler Volkslied mit durchschlagendem Erfolg. Mittlerweile wird dieses Lied weltweit in annähernd 200 Sprachen gesungen und ist „anonym“ der mit Abstand berühmteste Salzburger – weit vor Wolfgang Amadeus Mozart.

Vor der 1906 erbauten neuen Pfarrkirche zieht eine Bronzeplastik von Josef Mühlbacher den Blick auf sich: Der Dichter Mohr lauscht der Melodie, die Gruber seiner Gitarre entlockt. Darunter setzte der Bildhauer (lateinisch) den sinnigen Satz: „Aus Bronze schuf Mühlbacher dieses Denkmal; ein stärkeres als aus Bronze schuf sich Mohr als Dichter selbst.“

Wegverlauf

Von der Pfarrkirche in **Oberndorf** in die Altstadt von Laufen, durch das Untere Stadttor im Norden und über den neuen Steg. Die monumentale Treppenanlage des **Kalvarienbergs** hinauf und über die Hochfläche zur **Wallfahrtskirche**. Der Rückweg führt wieder hinunter zur Salzach, am Ufer flussaufwärts nach Alt-Oberndorf und zurück zum Ausgangspunkt.

Auf dem Rückweg lohnt eine Rast an der Kreuzigungsgruppe für einen Rundblick auf die Alpen und die gewaltige Bucht, die die Salzach vor rund zehn Jahrtausenden rings um Oberndorf aus dem Gelände herausgeschwemmt hat.

Johannishögl und Ulrichshögl

Wanderung in den Rupertiwinkel

Anfahrt/Ausgangspunkt: Mit Bus oder Pkw zum Start- und Endpunkt Grünau bei Wals. Ausgangspunkt ist der Gasthof Grünau am Walser Saalachufer.
Wegverlauf: Gasthaus Grünau – Au – Bicheln – Fürberg – Johannishögl – Neubichleralm – Ulrichshögl – Ainring – Grünau.
Anforderung: 13 km Distanz, 350 Hm Anstieg, 4 Std. Gehzeit.

Vom hohen Mittelalter bis zur geografischen Neuordnung Europas nach den napoleonischen Kriegen gehörte der Rupertiwinkel westlich der heutigen Grenzflüsse Saalach und Salzach in einer Tiefe bis zu 20 km zwischen Marzoll und Tittmoning zum „Kirchenstaat" Salzburg: Auf markanten Erhebungen des sanften Hügellands Högl entstanden bereits in späten Mittelalter die den Heiligen Johannes dem Täufer und Ulrich geweihten weithin sichtbaren Kirchen.

Johannishögl auf einer Kuppe gut 200 m hoch über dem Tal

Die Kirche auf dem Johannishögl

Enthauptung des hl. Johannes

Das Altarblatt zeigt das Martyrium des Heiligen: Begeistert vom Tanz seiner Tochter Salome, gewährte ihr König Herodes einen Wunsch. Die unschlüssige Tänzerin fragte ihre Mutter um Rat. Und diese schlug vor, das Haupt des Johannes auf einer silbernen Schüssel zu fordern, weil Johannes sie einmal wegen ihres lockeren Lebenswandels gerügt hatte. So geschah es, Johannes wurde enthauptet.

In der Vorhalle der Johanniskirche fällt ein Altar auf, der die enge Bindung des Rupertiwinkels an Salzburg dokumentiert. Diesen Altar stiftete nämlich 1616 Graf Kaspar Kuenburg „zu Lob und Ehr der allerheiligsten Jungfrau und Gottesmutter". Kuenburg bekleidete in der absolutistischen Herrschaft des Fürsterzbischofs Markus Sittikus Ämter, die wir heute als Kabinettschef und Finanzreferent bezeichnen würden.

Wegverlauf

Vom Start- und Endpunkt **Gasthof Grünau** am Walser Saalachufer über die Saalachbrücke. Links (südseitig) um die Fabrik Hammerau herum bis zum Wirtshaus Au, dann westwärts zur 600

Der **heilige Ulrich** (890–973, Namenstag 4. Juli) hatte Anteil am Sieg über die Ungarn auf dem Lechfeld, er unternahm vier Pilgerfahrten nach Rom, wurde Bischof von Augsburg und nach seiner Heiligsprechung 993 Patron der Diözese Augsburg. Er wird mit einem Fisch dargestellt, weil er der Legende nach einmal einem Boten ein Stück Braten als Wegzehrung mitgab, das dieser aber dazu benutzte, um den Bischof wegen des angeblichen Brechens des Freitagsgebots bei seinem Herrn zu verleumden. Doch da war das Fleisch in einen Fisch verwandelt.

Die Kirche in Ainring ist dem **heiligen Laurentius** geweiht (Namenstag 10. August). Er war Diakon des Papstes Sixtus II. und wurde 258 in Rom hingerichtet. Der Papst hatte sich geweigert, das Vermögen der Kirche dem Kaiser Valerian zu übergeben, und es stattdessen Laurentius anvertraut, damit er es an die Armen verteile. Diese führte Laurentius dem Kaiser als das „wahre Vermögen der Kirche" vor. Nach der Legende erlitt er daraufhin auf einem Rost über Feuer das Martyrium. Er wird dargestellt mit den Attributen Rost, Märtyrerpalme, Buch (Evangelium) und einem Kelch voller Goldstücke (Verwaltung des Kirchenvermögens). Er wurde gerne um Hilfe bei Rotlauf angerufen.

Jahre alten Kirche **Bicheln**, die dem Nothelfer Erasmus geweiht ist (siehe dazu Seite 22). Als Patron der Seefahrer wurde er auch von den Saalachschiffern verehrt.

Von Bicheln auf dem beschilderten Weg auf den **Fürberg**. Auf einem Forstweg in eine nordwärts ausholende Linkskehre und wenige Meter später nach rechts auf dem Waldweg zur Kirche auf dem **Johannishögl**.

Vom Johannishögl nordwestwärts durch eine Senke zur **Neubichleralm** (733 m), dem höchsten Punkt dieses Pilgerweges. 200 m westlich der Alm dem Pfeil „Ulrichshögl" nach rechts in

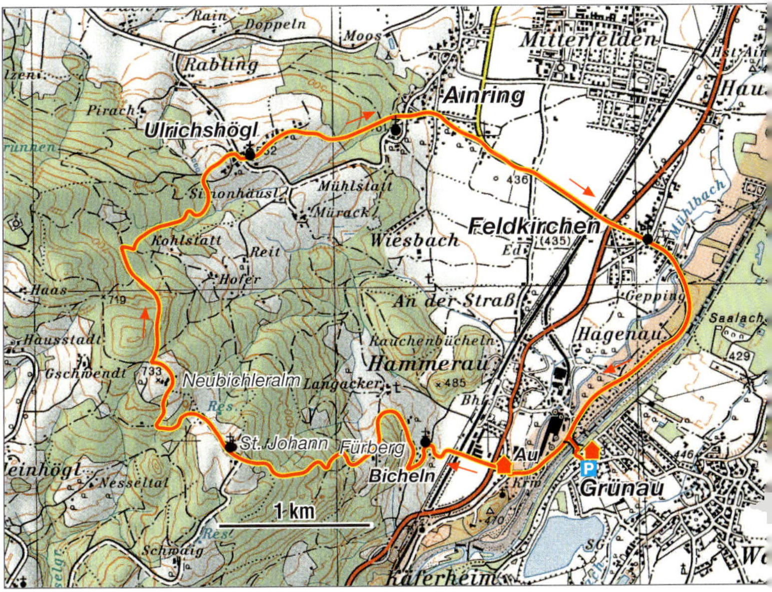

Ulrichshögl, Wahrzeichen des Alpenvorlandes

einen Forstweg folgen und ca. 500 m durch den Wald nordwärts zu einer Wegkreuzung. Hier nach rechts (Pfeil „Ulrichshögl") hinunter und über einen breiten, aussichtsreichen Rücken zu der im Kern fast tausend Jahre alten Kirche auf dem **Ulrichshögl**. Der Weiterweg führt vom Friedhof auf dem Ulrichshögl ostwärts auf dem beschilderten Weg durch den Wald nach **Ainring**, einer Siedlung, die in das 8. Jh. zurückreicht. Aus diesem kleinen Dorf stammen die berühmten Architekten und Bildhauer der Familie Hagenauer, die in Salzburg bedeutende Kunstwerke schufen. Gut einen Kilometer weiter östlich erreichen wir die **Wallfahrtskirche Mariä Himmelfahrt** (15. August) in **Feldkirchen**.
Das letzte Wegstück führt über den Mühlbach und durch Wald zur Saalach. An ihrem Ufer bis zur **Hammerauer Brücke** und zurück nach **Grünau**. An der Stelle dieser Brücke bestand bereits 908 eine Überfuhr, später eine Mautbrücke. Sie gewann Bedeutung, als 1537 in der Hammerau ein Eisenwerk entstand, das auf die Zulieferung von Torf aus Leopoldskron-Moos angewiesen war. 1898 wurde eine neue Brücke gebaut, doch in den letzten Kriegstagen 1954 gesprengt. Es sollten Jahrzehnte verstreichen, ehe die neue Hammerauer Brücke 2002 wieder Salzburg und Bayern verband.

Mariä Himmelfahrt in Feldkirchen

Diese Wallfahrt wird mit einer Ablassurkunde von 1375 dokumentiert. Sie ist somit zwar jünger als Großgmain, doch deutlich älter als Maria Plain. Der „grosse Zulauff des Volkhs" erforderte 1420 den Neubau und ein Jahrhundert später die Erweiterung der Wallfahrtskirche. Ende des 16. Jh. stieg Feldkirchen zum bevorzugten Wallfahrtsort der Elite Salzburgs auf, verkümmerte später aber wegen der Beliebtheit der beiden Marienkirchen in Plain und auf dem Dürrnberg.

Uralt-Wallfahrt Großgmain

Salzburgs älteste Marienwallfahrt

Anfahrt/Ausgangspunkt: Ab der Abzweigung der Innsbrucker Bundesstraße in Salzburg-Maxglan. Nur als Radtour empfehlenswert.
Wegverlauf: Maxglan – Walserberg – Schwarzbach – Türk – Marzoll – Weißbach – Bayerisch-Gmain – Großgmain – Salzburg.
Anforderung: Ab Salzburg-Maxglan 30 km Distanz, 250 Hm Anstiege, als Radtour etwa 2 Std. Fahrzeit.

Die „gnadenreiche Mutter Gottes auf der Gmain nächst Salzburg" ist Salzburgs ältester Marienwallfahrtsort. Bereits im 12. Jh. bestand dort eine Marienkirche. Sie wurde um 1480 durch eine neue Wallfahrtskirche ersetzt und 1731 mit reichem Barock ausgestaltet. Das Gnadenbild der Madonna mit dem Jesuskind ist ein eher rarer Steinguss, stammt aus der Zeit um 1400 und stand ursprünglich in der Burgkapelle Plain, von der nur mehr eine mächtige Ruine auf dem Salzbühel 1 km östlich von Großgmain übrig geblieben ist. Diese Burg verfiel langsam, nachdem das Pfleggericht 1596 in die Burg Staufeneck verlegt worden war. 1539 wurde die Madonna in die Kirche übertragen und verdrängte dort ein älteres Gnadenbild, das ebenfalls schon Wallfahrer aus der weiteren Umgebung angezogen hatte. 1513 ließ Fürsterzbischof Keutschach 27 auffällige Gebetserhörungen prüfen, protokollieren und auf „Wundertafeln" darstellen, die zum Glück nicht wie viele Votivbilder der Aufklärung zum Opfer gefallen, sondern jetzt noch in der Kirche zu sehen sind. Ab dem 17. Jh. lenkte Maria Plain zunehmend Pilger von Großgmain ab. Die Einschränkungen des Wallfahrens in der Aufklärung bewirkten schließlich, dass dieser Wallfahrtsort auf lokale Bedeutung zurücksank.

Marienbrunnen in Großgmain

Einzigartig war der Brauch, der Madonna lebende schwarze Hühner zu opfern. Sie galten wegen ihrer Farbe als Teufelstiere und waren in einen hölzernen Käfig hinter dem Hochaltar gesperrt. Pilger trugen sie während der Opferung drei Mal um den Altar in der Hoffnung, von der „hinfallenden Krankheit“ (Epilepsie) und von Fraisen verschont zu bleiben. Man hielt nämlich diese unerklärlichen und unheimlichen Leiden für Besessenheit. Dieser Brauch wurde um 1880 verboten, weil das Gackern der Hühner stets den Gottesdienst störte.

Wegverlauf

Mit dem Fahrrad auf der Innsbrucker Bundesstraße über den **Walserberg**, nach ca. 2 km am Beginn einer langgezogenen Rechtskurve links in die Straße nach **Schwarzbach**. 50 m weiter, dann nach rechts auf dem Radweg durch den Weiler **Türk**. Auf der Römerstraße nach **Marzoll** und weiter durch **Weißbach**. An der Bushaltestelle dem Wegweiser folgend nach links und leicht ansteigend durch das Leopoldstal zur Grenze in **Bayerisch-Gmain**. Über den Grenzbach zur Wallfahrtskirche in **Großgmain**. Davor steht ein origineller Brunnen: Zwei Madonnen Rücken an Rücken und aus beider Brüste spritzt Wasser. Rückfahrt nach Salzburg auf dem Radweg neben der Großgmainer Landstraße.

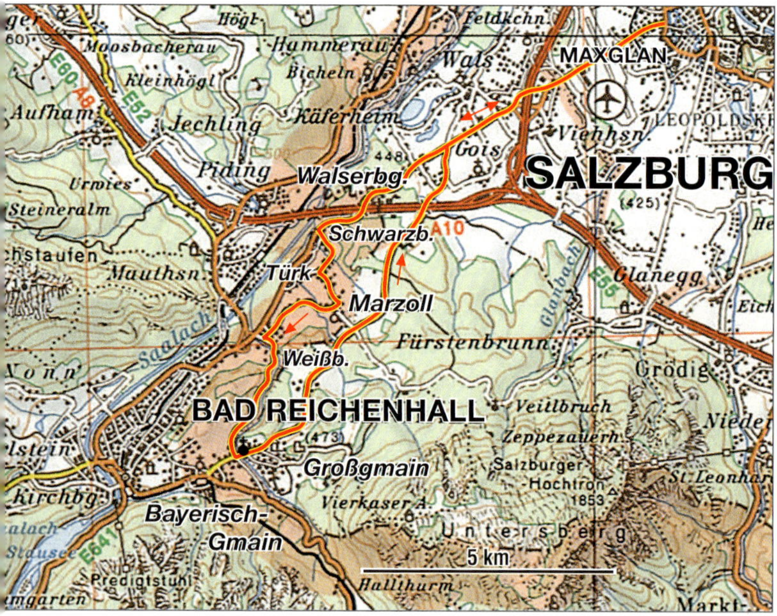

Maria Gern und Maria Ettenberg

Salzburger Wallfahrten im Berchtesgadener Land

Anfahrt/Ausgangspunkt: Der Pilgerweg nach Maria Gern (1) startet am Salzberg-Parkplatz an der Nordeinfahrt von Berchtesgaden, der nach Maria Ettenberg (2) an der Kirche in Marktschellenberg. Es stehen drei Wegevarianten zur Wahl (siehe unten).

Die Geschichte der Marienwallfahrtsorte Ettenberg und Gern auf dem sonnigen Mittelgebirge unter den Südwänden des Untersbergs hat starke Bezüge zum Erzbistum Salzburg. Von Salzburg ging die Christianisierung des Berchtesgadener Landes aus. Bis in das 15. Jh. herauf war erst Grödig und dann St. Leonhard die Mutterpfarre dieses Raumes, und bis zur Wende in das 17. Jh. pilgerten die Berchtesgadener nach Großgmain und auf den Dürrnberg. Dann aber erwachte die Sehnsucht nach eigenen Wallfahrtsorten.

Maria Gern

Die Verehrung der Madonna in Gern begann 1666. Damals schnitzte „Wolf Hueber, Hochfürstlicher Saltzburger Waldmaister

Wallfahrtskirche Maria Gern, im Hintergrund der Untersberg

Marktschellenberg
Theresienklause
Wh. Dürrlehen
Hinter-ettenberg
Vorder-ettenberg
Maria Ettenberg
Maria Gern
Berchtesgaden
Hochzinken
Eckberg
Ochsenberg
Berchtesgadener Hochthron
Halskopf
Hochbartk.
Rauheck
Geschirrkopf
Kneifelsp.
Brändlberg
Almbachklamm
Lockstein
Kälberstein
Hintergern
Obergern
Braune Wand
Metzenleiten
Untersalzberg
Obersalzberg
1 km
1
2
3

zu Hopfgartten" (heute im Tiroler Anteil der Erzdiözese Salzburg) eine Marienstatue und vermachte sie seiner Heimat Gern. Sechs Jahre später bauten die Gerner für diese Statue eine Holzkapelle, die sich so starken Zuspruchs erfreute, dass sie bald vergrößert wurde. Schon 1691 stand nebenan eine Herberge mit einem Laden für Devotionalien, Lebzelten und Brot. So reifte schließlich 1708 der Entschluss, die Holzkirche durch ein gemauertes Gotteshaus zu ersetzen, in dem 1710 erstmals eine Messe gefeiert wurde. Diese Barockkirche mit ihrer ovalen Grundform hat im südbayerisch-salzburgischen Raum weder Vorbild noch Gegenstück. Dem üppigen Barock dieser Kirche entspricht auch der Schmuck für die Madonna: 23 wertvolle Gewänder aus goldbesticktem Seidendamast mit Gold- und Silberborten wurden ihr gestiftet.

Maria Ettenberg

Nur 3 km Luftlinie nördlich von Maria Gern erregte 1695 ein „liebreiches Mariaebild" Aufsehen, das nach einem zeitgenössischen Bericht am Morgen des 12. August 1695 auf dem „Ödenperg" (= Ettenberg) an einem großen „lindten baum angehenckt" entdeckt wurde. Nachforschungen des Pfarrers von Marktschellenberg führten auf die Spur eines „armen unbekannten Bauersmann", der diese Statue von einem Salzburger Bildhauer hatte herstellen lassen und in zwei Raten „fleißig bezahlte". Der Pfarrer berichtete sichtlich erstaunt, dass schon im selben Jahr täglich viele Wallfahrer aus Salzburg, Hallein und Kuchl zur Verehrung der Marienstatue am Lindenbaum gepilgert seien. Als Beweis für die Hilfe

Maria Ettenberg auf einer Hochfläche östlich des Untersbergs

der Ettenberger Madonna legte er sogar eine Liste von Gebetserhörungen an. Die Anziehungskraft dieser Wallfahrtsstätte dokumentiert das älteste Votivbild von 1696, das Maria in einer einfachen offenen Holzkapelle darstellt. Binnen weniger Jahre wurde diese Kapelle zu einer Holzkirche ausgebaut, die wegen des anschwellenden Pilgerstroms sogar ein hauptamtlicher Mesner betreute. Opfergaben der Pilger und großzügige Spenden von Gönnern erlaubten schließlich den Bau der Wallfahrtskirche Maria Ettenberg von 1723 bis 1732.

Maria Gern (1)

Anforderung: Hin und zurück 5 km Distanz, 250 Hm Anstieg, 2½ Std. Gehzeit.
Wegverlauf: Vom **Salzberg-Parkplatz** an der Nordeinfahrt von Berchtesgaden etwa 100 m Richtung Markt, nach rechts und auf dem beschilderten Fahrweg knapp 1,5 km nordwestwärts zur Gerner Straße. Nach links wenige Meter durch die scharfe Rechtskurve hinunter zur Brücke und nach rechts auf dem bezeichneten Weg parallel zum Gernbach hinauf zur **Wallfahrtskirche**. Rückweg wie Anstieg.

Maria Ettenberg (2)

Anforderung: Hin und zurück 11 km Distanz, 350 Hm Anstieg, 3½ Std. Gehzeit.
Wegverlauf: Von der Kirche in **Marktschellenberg** auf der Salzburger Straße nordwärts durch den Markt, nach links bergan auf dem **Gastagweg** rund 2,5 km zur alten Straße und abermals etwa 2,5 km zur **Wallfahrtskirche**; Rückkehr auf dem gleichen Weg oder von der Wallfahrtskirche nordostwärts auf der neuen Straße.

Von Berchtesgaden nach Marktschellenberg (3)

Anforderung: 16 km Distanz, 450 Hm Anstieg, 5 Std. Gehzeit.
Wegverlauf: Es empfiehlt sich, mit dem Pkw nach Marktschellenberg zu fahren und von dort mit dem Bus (Fahrplaninfo Tel.: 0662/4660-330) bis zum Ausgangspunkt am Salzberg-Parkplatz. Anstieg zur **Wallfahrtskirche Maria Gern** wie oben beschrieben, dann nordwärts nach der Beschilderung „Ettenberg“ folgend weiter auf der Straße durch das zunehmend weite Gerntal. Vorbei am **Dürrlehen** (Einkehr) und um ein scharfes Eck zur **Theresienklause** am Almbach. Jenseits der Klause über **Hinter-Ettenberg** (Winkl) zur alten Ettenberger Straße und auf dieser zur **Wallfahrtskirche**. Abstieg auf der neuen Straße nach **Marktschellenberg**.

Soldaten, KZler, Juden

Der Russenfriedhof in Grödig

Anfahrt/Ausgangspunkt: Mit dem Bus nach Niederalm (Fahrplaninfo Tel.: 0662/4660-330), Rückkehr mit dem Obus ab Kommunalfriedhof.
Wegverlauf: Niederalm – Neu-Anif – Russenfriedhof – Grödig – Kommunalfriedhof.
Anforderung: 9 km Distanz, 2 Std. Gehzeit.

„Den Söhnen Serbiens, welche ihr Vaterland verteidigend die Freiheit verloren und aus Sehnsucht darüber in der Fremde verstarben." Einen Gedenkstein mit dieser Inschrift stifteten serbische Offiziere ihren 24 Landsleuten, die zwischen 1914 und 1918 im Kriegsgefangenenlager zwischen St. Leonhard, Grödig und dem Golser Hügel gestorben und auf dem Russenfriedhof bestattet sind. In den 280 Baracken dieses Lagers für Kriegsgefangene, Zivilinternierte und Flüchtlinge fristeten bis zu 40.000 Menschen ein kümmerliches Dasein voll Elend und Heimweh. Und in dieser

Das „Schwarze Kreuz" schützt die Würde gefallener Russen

Fremde starben 891 gefangene Russen, 916 russische Zivilinternierte und Flüchtlinge aus dem Kriegsschauplatz im österreichisch-ungarischen Galizien, darunter 422 Kinder im Alter zwischen drei Tagen und zehn Jahren. Inschriften verweisen auch auf verstorbene Flüchtlinge aus Wolhynien. Wo lag dieses Land? Irgendwo weit hinter der Morgensonne? Aus der politischen Landkarte verschwand dieser Teil der nordwestlichen Ukraine ebenso wie aus unserer Wahrnehmung. Die Zeit löschte diese Tragödien aus der Erinnerung.
Zweite Station unseres Pilgerweges ist der erschütterndste Bereich des Kommunalfriedhofs – die Gruppen 62, 63, 71 und 72.

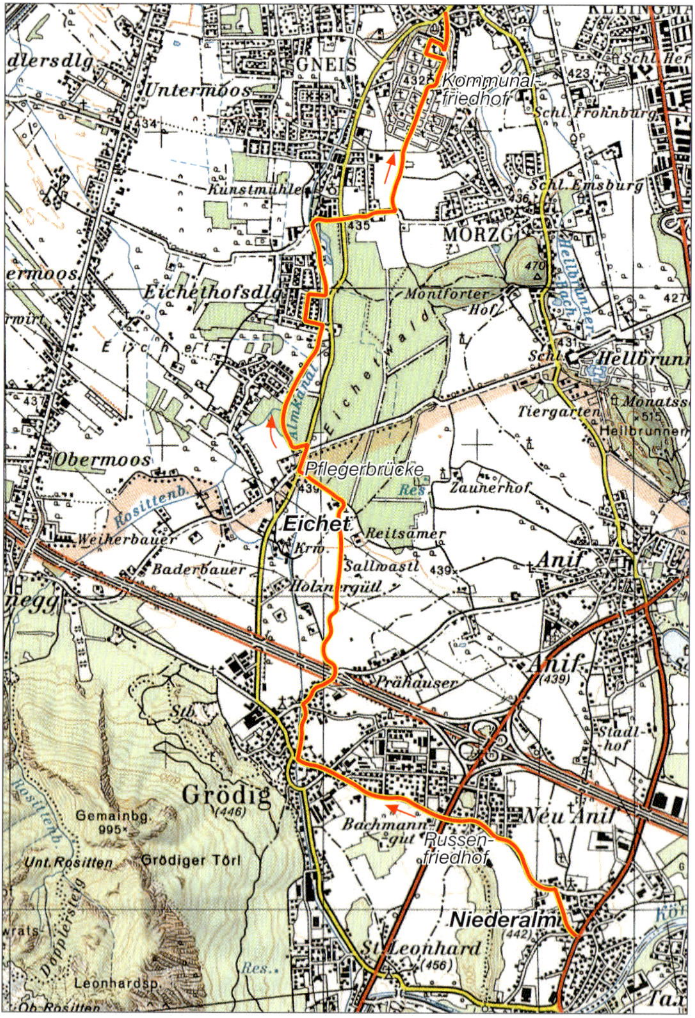

Dort ruhen im Zweiten Weltkrieg Gefallene, bei Bombenangriffen auf Salzburg Getötete und 144 Niederländer, die zwischen 1940 und 1945 im KZ Mauthausen umgebracht wurden. An ihre Tragödie erinnert ein Mahnmal, dessen Text zwar niederländisch, das Gemeinte aber international verständlich ist. Eine Dornenkrone kennzeichnet das zentrale Mahnmal, das an die „Opfer für Freiheit und Menschenwürde" erinnert. Bliebe noch eine Station in Glas – weit abseits dieses Pilgerweges, aber auch eines Besuchs und des Gedenkens wert: der jüdische Friedhof an der Uferstraße.

Der jüdische Friedhof in Glas

In Salzburg wucherte der Antisemitismus seit Mitte des 19. Jh. besonders üppig, weshalb die kleine jüdische Gemeinde ihren Friedhof weit außerhalb der Stadt anlegen musste. 1938 zählte diese Gemeinde 230 Mitglieder, die meisten von ihnen kamen im Holocaust um. Nach 1945 fanden jüdische Flüchtlinge und Überlebende des Holocaust in Salzburg eine Bleibe. Heute zählt Salzburg knapp hundert jüdische Mitbürger, nahezu alle älter als sechzig Jahre. Offiziell gedachte Salzburg auf Erinnerungstafeln aller Nazi-Opfer – die Juden ausgenommen. Sie sind lediglich pauschal in das Mahnmal gegen den Faschismus vor dem Hauptbahnhof einbezogen. An die ermordeten Juden erinnert nur ein „privater" Gedenkstein außer Sichtweite im hoch eingezäunten Garten der Synagoge. Auf dem **jüdischen Friedhof in Glas** entdeckt man jedoch Beklemmendes und Blamables.
Die Nazis missbrauchten diesen Gräberhain als Steinbruch. Fünfzig Jahre nach dieser Störung der Totenruhe stifteten Land und Stadt Salzburg drei Bronzetafeln als „Erinnerungszeichen für die entfernten Grabsteine". Und für die von den Nazis „entfernten" Juden?

Wegverlauf

In **Niederalm** an der Kirche vorbei und nordwestwärts nach **Neu-Anif** zum **Russenfriedhof** am nördlichen Rand des Golser Hügels. In Neu-Anif über die Alpenstraße nach **Grödig**. An der Brücke über den Almkanal, nach rechts in den Salzhandelsweg (Gangsteig), parallel zur **Alm** weiter, unter der Autobahn hindurch und über Felder bis zur Stadtgrenze nahe der Pflegerbrücke (Einkehr). Nach links in den Heinrich-Meder-Weg. Entlang der Alm 1,5 km weit, dann nach rechts in den Sternhofweg, den jenseits der Berchtesgadener Straße der Dossenweg fortsetzt. 300 m weiter nach links (nordwärts) auf dem Ignaz-Eigenherr-Weg in den **Kommunalfriedhof**.

13

Flachgau

Bäcker- und Jägerwallfahrt nach Ebenau

Einkehr bei den Heiligen Florian und Hubertus

Anfahrt/Ausgangspunkt: Mit dem Obus (Info Tel.: 0662/4660-330) nach Glasenbach.
Wegverlauf: Glasenbach – Schwaitl – Pechauer Scharte – Ebenau.
Anforderung: Von Glasenbach nach Ebenau 10 km Distanz, 350 Höhenmeter Anstieg, 3½ Stunden Gehzeit. Rückweg auf dem Hinweg (3 Stunden). Alternativ Rückkehr mit dem Bus nach Salzburg entweder von Ebenau (Fahrplaninfo Tel.: 0662/4660-330) oder nach einstündigem Marsch nordwestwärts ab Koppl.

Wegen des wachsenden Gedränges verbot die Obrigkeit 1746 die alljährliche Prozession der Bäckerzunft zum heiligen Johannes am Imberg. Also stifteten betuchte Bürger und Bäcker 1752 eine Wallfahrt der Bäcker zu ihrem Patron Florian in Ebenau. Dorthin pilgerten ohnehin schon jedes Jahr einmal Wallfahrer aus St. Gilgen, Thalgau und Faistenau, um vom heiligen Florian Schutz vor Bränden zu erbitten. Warum wählten die Bäcker den heiligen Florian zu ihrem Patron? Weil die Backöfen einst gelegentlich Brände aus-

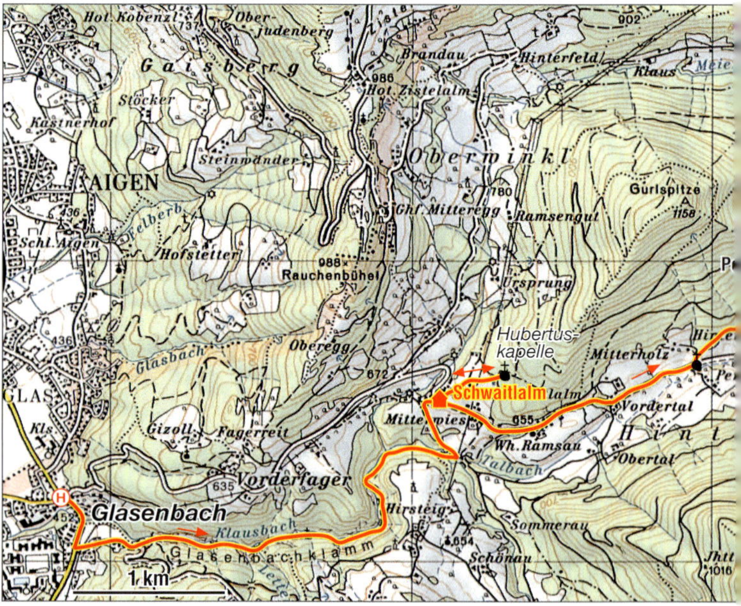

Der **heilige Florian** (Namenstag 4. Mai) wirkte als römischer Beamter in Lorch bei Enns und wurde um 304 als Christ erst gefoltert und dann mit einem Mühlstein beschwert in der Enns ertränkt. Als Patron verehren ihn die Feuerwehrleute, Bäcker, Kaminkehrer, Fassbinder und Bierbrauer, weil sein Martyrium durch Ertränken den Zusammenhang zwischen den antiken Elementen Feuer und Wasser herstellt. Florian wird mit Palmzweig oder Mühlstein (Martyrium) und mit einem Krug dargestellt, aus dem er Wasser auf ein brennendes Haus schüttet.

lösten. Ehe nämlich im Jahr 1860 auch in Salzburg das Eisenbahnzeitalter anbrach und den Antransport von Kohle ermöglichte, war Holz der einzige Energieträger zum Heizen, Kochen und Beleuchten. Also lagerte viel Holz in den Häusern, die zudem mit Holzschindeln gedeckt waren. Funkenflug aus Kaminen bedeutete also immer Feuergefahr und erklärt die Bedeutung des heiligen Florian als Beschützer vor Brandkatastrophen.
Die alte Bäckerwallfahrt begann in der Salzburger Sebastianskirche neben dem längst geschleiften Stadttor am Ende der Linzergasse und führte über Gnigl, Guggenthal und Koppl nach Ebenau – hin und zurück beachtliche 24 km mit zusammen fast 500 Hm Anstieg und mindestens 7 Stunden Gehzeit. Wir wählen heute aufgrund des hohen Verkehrsaufkommens einen stilleren Weg als jenen, den die Bäcker einst gingen.

Wegverlauf

Von der Obus-Haltestelle in **Glasenbach** durch die **Glasenbachklamm**. An der Brücke an ihrem Ende nach links (nordwärts) ca. 500 m weit hinauf zur **Schwaitl**. Vom Parkplatz beim Zeughaus der Feuerwehr auf dem Weg ostwärts zur **Hubertuskapelle** in einer Waldlichtung. Zurück zur Schwaitl (Einkehr) und auf der Straße knapp 2 km ostwärts über **Vorder-**

Eine Zwischenstation auf dieser Wanderung ist die **Hubertuskapelle in der Schwaitl**, die an jedem letzten Sonntag im September Ziel einer Wallfahrt der Jäger (Info Tel.: 0662/630369) ist. Hubertus' Bekehrung durch die Erscheinung eines Hirsches mit einem Kreuz im Geweih wurde aus der Legende des heiligen Nothelfers Eustachius (Seite 23) übernommen. **Hubertus** wirkte als Bischof von Maastricht und Lüttich, starb 727 und hat ein Hirschgeweih als Attribut. Er ist der Patron der Jäger.

pechau (Einkehr) bis zu einer Kapelle. Nach links (nordwärts) auf dem markierten Weg über die **Pechauer Scharte** (774 m). Nach dem Abstieg ostwärts direkt nach **Ebenau**.

Ebenau – das Dorf mit den alten Mühlen

Die „ebene Au" („Au" bezeichnete im Mittelalter einen gerodeten Platz bzw. eine Viehweide) war ab dem 16. Jh. die bedeutendste Eisen-, Messing- und Waffenschmiede des Erzbistums. Das Heimatmuseum im „Fürstenstöckl" stellt noch riesige Eisenhämmer und erlesene Schusswaffen aus heimischer Produktion aus. Um diese Industrie entstand eine Werkssiedlung, die auch der Seelsorge bedurfte. Deswegen wurde 1699 bis 1702 die Florianskirche erbaut. Die ebenfalls mit Feuer arbeitende Metallindustrie wählte nämlich ebenfalls den heiligen Florian zu ihrem Patron.

Ebenau war einst die Waffenschmiede der Fürsterzbischöfe.

Jakobsweg 1 Gois / Faistenau

Unterwegs auf dem Salzburger „Camino"

Anfahrt/Ausgangspunkt: Mit dem Bus zur Haltestelle an der Kreuzung Wals/Gois und Rückkehr von Faistenau nach Salzburg ebenfalls mit dem Bus (Fahrplaninfo Tel.: 0662/4660-330).
Wegverlauf: Gois – Viehhausen – Glanegg – Pflegerbrücke – Hellbrunner Brücke – Haslach – St. Jakob am Thurn – Obertratten – Wiestalstausee – Metzgersteig – Faistenau.
Anforderung: 36 km Distanz, je nach Variante im Wiestal drei oder vier Anstiege von zusammen 500 oder 700 Hm, 9 bis 10 Std. Gehzeit. Aufbruch spätestens um 7 Uhr sinnvoll. Die Variante mit dem Rad weicht einmal von der Fußgängerroute ab, ist deshalb um ca. 2,5 km länger und erfordert etwa 4 Std. Fahrzeit. Dieser Jakobsweg ist auch in der Gegenrichtung zu begehen.

Wegverlauf

Von der Bushaltestelle Wals/Gois südwärts auf dem Winterweg durch die „Gemüsegärten Salzburgs" zur Jakobuskirche in **Gois**. Der abgeholzte Hügel stellt die kleine Kirche schön frei und erzählt uns ein Stück Siedlungsgeschichte: Die Römer nannten den Hügel in ihrer Sprache *collis*. Dieses Wort wurde im Sprachgebrauch langsam zu „Gois" eingeschliffen.
Weiter nordostwärts unter der Autobahn hindurch nach **Viehhausen**, nach der Markierung des Radweges „Rund um den Untersberg" scharf nach Süden, über die Autobahn und nach links (ostwärts) parallel zur Autobahn bis zur Glan. Dieser entlang bis knapp vor **Fürstenbrunn**, bei erster Gelegenheit jedoch nach links (ostwärts) und durch den Park von **Schloss Glanegg**.
Etwa 500 m geradeaus weiter und wieder nach links unter der Autobahn hindurch in die Pflegerstraße zur **Pflegerbrücke** (Einkehr), noch ein kurzes Stück auf dem Weg Nr. 410 gerade weiter zur Berchtesgadener Straße, nach links auf dieser 200 m weit, dann nach rechts (ostwärts) und auf dem Ruperti-Weitwanderweg an Hellbrunn vorüber zur **Hellbrunner Brücke** (bis hierher 15 km).
Vom östlichen Brückenkopf nach links (nordwärts!) in einer Schleife hinunter zur Salzach, dann südwärts am Salzachufer knapp 3 km weiter bis **Haslach** und ostwärts 1 km hinauf nach **St. Jakob am Thurn**. Bis hierher 19 km und annähernd 4 Gehstunden.

Der heilige Jakob auf dem Thurnberg: Auf dem Thurnberg soll 1479 der Flurwächter einen Fremdling ertappt haben, der mitten durch die Wiesen und Felder ging, eine Pilgertracht und am Hut eine Muschel trug. Der Flurwächter stellte den Mann vor einem Getreidefeld und wollte ihm zur Strafe den Hut wegnehmen. Da gab sich der Fremde als heiliger Jakobus, Beschützer des Ortes und Patron einer schon zwei Jahrhunderte zuvor auf dem Thurn errichteten Jakobuskapelle, zu erkennen. Er hatte die Bewohner vor den anrückenden Türken gewarnt, die damals als „Renner und Brenner" in der Steiermark und Unterkärnten wüteten, nicht aber nach Salzburg vorstießen – dank Jakobus' Schutz. Seit der Barockzeit ist St. Jakob am Thurn ein Wallfahrtsort, weil ein Gutsverwalter der Kirche Reliquien des Heiligen verschafft und zudem von der kirchlichen Obrigkeit Ablässe für Wallfahrer erwirkt hatte.

Weiterweg von St. Jakob am Thurn nach Faistenau

Von St. Jakob leicht ansteigend südwärts auf der schmalen Straße, dann nach links (ostwärts) auf der Pucher Straße über den Sattel beim Weiler **Obertratten**. Hinunter zur alten Wiestalstraße und auf dieser nordostwärts gut 2,5 km bis zu einer scharfen Rechtskurve vor einem Gehöft.

Hier bieten sich zwei Varianten: Entweder links am Gehöft vorbei auf der leicht ansteigenden, abgeschrankten Forststraße, nach

Gois bei Wals steht mitten im großen Gemüsegarten Salzburgs.

ca. 2 km (vor einer Kehre) nach rechts. Auf dem nicht markierten Weg auf ca. 200 m Höhe über dem Wiestalstausee, durch Wiesen hinunter zur Wiestalstraße und nach rechts über die Brücke zur Abzweigung in die Kraftwerkssiedlung.
Oder (wie die Radler) vom Gehöft rechts bergab, über die Staumauer und auf der Wiestalstraße zur Kraftwerkssiedlung.
Weiterweg durch die Kraftwerkssiedlung und in weit nach Süden ausholendem Bogen hinauf zu einem prachtvoll auf einer Terrasse gelegenen Gehöft. Gut 100 m vor diesem Bauernhaus weisen zwei Pfeile nach links zum **Metzgersteig** und nach **Faistenau**.

Zeichen der Volksfrömmigkeit auf dem Flachgauer Jakobsweg

Der Metzgersteig

Der Steig hoch über der Strubklamm verdankt seinen Namen einer schaurigen Bluttat im Jahr 1673. Ein Metzger hatte nämlich seine Freundin geschwängert. Um sie loszuwerden, überredete er sie zu einer Wallfahrt nach St. Wolfgang, stieß sie aber von diesem hohen Steig in die tosende Schlucht. Als der Mörder die Wallfahrtskirche St. Wolfgang betrat, tauchte jedoch das Bild der Ermordeten hinter dem Altar auf. Das erschütterte den Übeltäter derart, dass er sich dem Gericht stellte und geköpft wurde.

Am Ende dieses prachtvoll angelegten Steiges geht es über die Staumauer des Strubstausees zum Seewirt. Hier treffen wir auf die Radroute: Diese führt von der Brücke vor der Kraftwerkssiedlung 2 km weit Richtung Ebenau, nach rechts hinauf zum Werkschulheim und auf der Straße hoch über der Strubklamm 4 km weiter bis zum Seewirt.

Jetzt fehlen Wanderern und Radlern nur mehr 1,5 km und etwa 100 Hm hinauf zur Jakobuskirche neben der tausend Jahre alten Eiche in Faistenau.

Jakobsweg 2 Faistenau/Obertrum

Anspruchsvoller Weg durch das Alpenvorland

Anfahrt/Ausgangspunkt: Mit dem Bus nach Faistenau, Rückkehr mit dem Bus von Obertrum (Fahrplaninfo Tel.: 0662/4660-330). Falls liebe Freunde den Pilger mit dem Pkw abholen, spart er sich die Busfahrt von Faistenau bzw. Obertrum nach Salzburg.
Wegverlauf: Faistenau – Ebenau – Pertill – Koppl – Schwaighofen – Oberplainfeld – Kraiwiesen – Unzing – Schaming – Rutzing – Seekirchen – Waldprechting – Obertrum.
Anforderung: 30 km Distanz, 400 Hm Anstiege, 7 bis 9 Std. Gehzeit.
Auch dieser Pilgerweg ist mit dem Fahrrad zu machen und erfordert dann rund 3 Std. Fahrzeit. Radler können auch beide Jakobswege an einem Tag absolvieren: Knapp 70 km Distanz, 1100 Hm Anstiege, ca. 7 Std. Fahrzeit. Dieser Jakobsweg ist auch in der Gegenrichtung zu begehen.

Wegverlauf

Der Pilgerweg beginnt vor der Jakobuskirche in **Faistenau**, führt zwischen Raika und Kronenwirt westwärts. 50 m weiter, nach dem Wegweiser „Ebenau" nach rechts durch den Graben zur Straße nach Eckschlag. 100 m weiter hängen an einem Baum Totenbretter, auf denen die daheim aufgebahrten Verstorbenen bis zur Bestattung ruhten, als es noch keine Friedhofskapellen gab. Klare Markierungen weisen fortan den Weg nach **Ebenau** (5 km), einst Zentrum der Messingindustrie und Waffenschmiede der Fürsterzbischöfe.
Von Ebenau unter der Landesstraße hindurch, westwärts weiter über **Pertill** rund 140 Hm bergan zur Jakobuskirche in

Totenbretter bei Faistenau

Obertrum – Ziel des 2. Jakobsweges

Koppl. Nun nordwärts bergab zur Grazer Bundesstraße, auf dieser 500 m weiter, nach halbrechts auf den Pesteigweg und durch einen Graben nach **Schwaighofen**. Dort nach rechts (ostwärts) auf der Nebenstraße durch **Oberplainfeld** und – sanft bergab – unter der Autobahn hindurch nach **Kraiwiesen** (bis hierher 11 km). Hier nach rechts (Norden) 500 m weit zur kleinen Jakobuskirche in **Unzing**. An der südlichen Ortseinfahrt Abzweigung westwärts nach **Schaming**. Unter der Bundesstraße hindurch, nach links 150 m weiter und vor dem Gschirnwirt nach rechts. Entlang dem Hügel mit der auffallenden Linde geradeaus weiter, auf einem holprigen Weg durch den Wald nach **Rutzing** und **Seekirchen**. 100 m jenseits der Pfarrkirche nach links (gegenüber ein Wegweiser zum Bahnhof!), sanft ansteigend zur prächtig gelegenen Nikolauskirche von **Waldprechting**. 200 m weiter vor dem Tanzcafé nach rechts Richtung Schöngumprechting. Dieses ausnehmend schöne Wegstück verläuft auf einem breiten Rücken. An der Gabelung hinter dem Weiler **Bauerneck** links und hinunter zur Jakobuskirche in **Obertrum**.

St. Jakob in Obertrum

Der Ort scheint bereits in der Römerzeit auf und wird 1143 als Pfarre genannt. Aus dieser Zeit stammen die Grundmauern der Kirche, die im Lauf der Zeit zu einem dreischiffigen Gotteshaus vergrößert wurde. Die Kirche fiel 1917 einem verheerenden Dorfbrand zum Opfer und wurde bis 1920 erneuert und erweitert. Die Einrichtung schuf der bedeutende Salzburger Bildhauer Jakob Adlhart. Sein Namenspatron Jakobus steht am Hochaltar rechts neben der Madonna.

Eintägige Kurzvariante aus beiden Jakobswegen

Wegverlauf: Von Haslach wie Jakobsweg 1 (Variante Wiestalstraße!) nach Faistenau und wie Jakobsweg 2 weiter nach Koppl, von dort mit dem Bus zurück nach Salzburg (Fahrplaninfo Tel.: 0662/4660-330).
Anforderung: 27 km Distanz, knapp 700 Hm Anstiege und 8 bis 9 Std. Gehzeit.

Dürrnberg, 772 m

Wallfahrt auf den Spuren der Bergknappen

Anfahrt/Ausgangspunkt: Mit dem Pkw nach Hallein, Parkplatz bei der alten Saline auf der Pernerinsel (450 m).
Wegverlauf: Parkplatz – Altstadt – Kreuzweg – Wallfahrtskirche.
Anforderung: Anstieg über 3 km und 300 Hm, 1½ Std. Gehzeit, Abstieg 1 Std.

Eine fromme Stiftung ermöglichte 1347 den Bau einer Kirche zu Ehren Unserer Frau auf dem Berg. Sie schuf zugleich die materielle Grundlage einer Seelsorge auf dem Dürrnberg. 1596 vermerkte die Chronik, dass zur Madonnenstatue in der Kirche auf dem Dürrnberg viel Volk wallfahre. Die neue Kirche wurde von 1594 bis 1612 gebaut, aber erst 1614 offiziell eingeweiht. Aber sogleich schwoll der Pilgerstrom derart an, dass sich 1613 Kritik regte: Der Hochaltar sei mit Votivgaben überladen. Aus dem Mirakelbuch, das alle Wunder verzeichnet, ist die Reichweite dieses Wallfahrtsortes zu ersehen: Es enthält schon damals Gebetserhörungen von Pilgern aus Kärnten, Tirol, Schlesien, Bayern oder Ungarn. Im 200. Jubiläumsjahr der Kirchweihe wurden 1814 mehr als 70.000 Pilger gezählt.

An der mit rotem Adneter Marmor verkleideten Wallfahrtskirche machten sich schon nach 50 Jahren geologische Probleme durch Hangrutschungen und Senkung des exponierten Baugrundes bemerkbar. Und weil das Tonnengewölbe „das Gemeuer etwas von einander gedruckt" hat, wurde es durch ein leichteres Holzgewölbe ersetzt. Gleichwohl

Der hl. Rupertus, Patron des Landes und der Dürrnberger Knappen

bedurfte es bis in die Gegenwart mehrfacher Sanierung, um den Untergrund zu sichern und irreparable Schäden an der Kirche zu vermeiden.
Das Gnadenbild der Madonna mit dem Christkind auf dem Schoß hat auch symbolische Bedeutung: Maria hält in der Hand einen Apfel als Hinweis darauf, dass sie als zweite Eva der Menschheit durch die Geburt ihres Sohnes Jesus das Heil der Erlösung gebracht hat. Rechts in der Kirche fällt die von Knappen umgebene Statue des heiligen Rupertus auf, des Patrons der Bergleute.

Wegverlauf

Vom **Parkplatz** über den Steg und durch die Halleiner **Altstadt** zur Pfarrkirche, wo wir eine Gedenkminute für den Stille-Nacht-Komponisten Franz X. Gruber einlegen. Gruber wirkte von 1833 bis zu seinem Tod 1863 als Chorregent und Organist in Hallein. Seine letzte Ruhestätte fand er gegenüber der Kirche vor seinem Wohnhaus, heute ein sehenswertes Stille-Nacht-Museum. Mit einer Erinnerungstafel an diesem Haus würdigte 1934 eine Gruppe von Lehrern aus Los Angeles den Komponisten Gruber „wegen seiner universalen Botschaft für Frieden und guten Willen“.
Weiterweg: Südwärts an der Kirche vorbei bis zum auffallenden Gymnasium. Nach rechts durch die Riesenschmiedstraße zur Stollenausfahrt. Ab hier steiler, aber schattiger Anstieg auf dem **Knappensteig** entlang einem **Kreuzweg** hinauf zum Lettenbühel und zur **Wallfahrtskirche**.

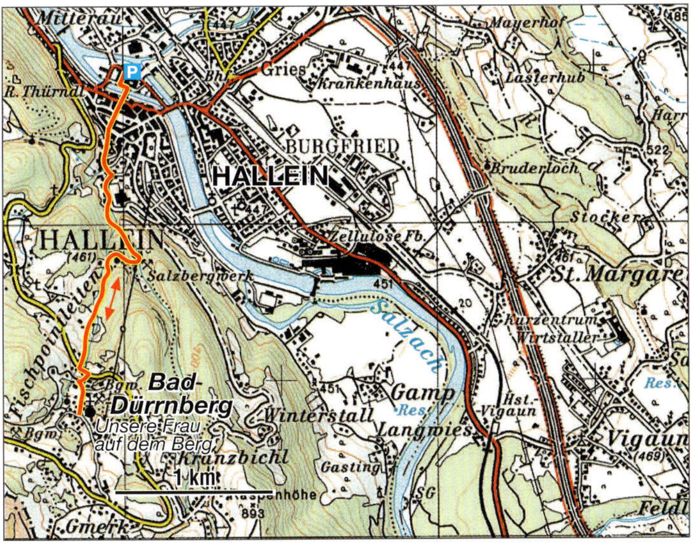

Predigtstuhl im Abtswald, 1025 m

Geheimer Betplatz der Protestanten

Anfahrt/Ausgangspunkt: Hallein, Parkplatz bei der alten Saline auf der Pernerinsel (450 m).
Wegverlauf: Pernerinsel – Altstadt – Kreuzweg – Wallfahrtskirche – Predigtstuhl und zurück.
Anforderung: Insgesamt 12 km Distanz, 600 Hm Anstieg, Aufstieg 2½ Std., Abstieg 1½ Std.

Die Vertreibung der Salzburger Protestanten

Auf dem Dürrnberg bahnte sich eine Katastrophe an, als Ende 1685 beim Erzbischof die Anzeige eintraf, dass Dürrnberger Knappen regelmäßig im Abtswald geheime Gottesdienste feiern. Damit war der erste Akt des Dramas um die Salzburger Protestanten eröffnet. Die Obrigkeit ließ ihren Anführer und Prediger Josef Schaitberger und zwei seiner Freunde verhaften, wegen Verweigerung der Bekehrung erst zu zwei Wochen Zwangsarbeit bei Wasser und Brot verurteilen, dann aus dem Salzbergbau entlassen und

Geheimer Treffpunkt der Protestanten beim Predigstuhl

schließlich 1686 mit 70 Glaubensgenossen aus dem Land vertreiben. Ihre minderjährigen Kinder mussten sie katholischen Zieheltern übergeben, damit sie im rechten Glauben aufwüchsen.
Auf dem Weg zu seinen evangelischen Brüdern in Nürnberg schrieb **Josef Schaitberger** sein berühmtes Klagelied „Ich bin ein armer Exulant“, das später zum Trost- und Wanderlied der Salzburger Glaubensemigranten wurde. Die elfte Strophe drückt alles Elend dieser Vertriebenen aus: „So geh ich heut von meinem Haus / die Kinder muss ich lassen / mein Gott, das treibt mir Tränen aus / zu wandern fremde Strassen.“
In Nürnberg verfasste Schaitberger dann den „Evangelischen Sendbrief, geschrieben an die Landsleute in Salzburg“, den Schmuggler in großen Mengen nach Salzburg brachten. Diese Texte stärkten die Salzburger „Ketzer“ in ihrer religiösen Treue, in ihrem Widerstand gegen die Gegenreformation und machten Schaitberger zu ihrem geistlichen Führer. 1732 verloren nochmals 783 Dürrnberger Knappen ihre Heimat.

Wegverlauf

Von der **Pernerinsel** über den Knappensteig zur **Dürrnberger Kirche** hinauf, südwärts weiter zum Zinkenlift, links davon auf dem Protestantenweg über zwei Kehren annähernd 1,5 km weit Richtung Abtswald. Hinter einem Schranken auf dem Güterweg in einer Linkskurve durch den Plaikgraben bis zur folgenden Rechtskurve. Hier scharf nach rechts in den unbezeichneten Weg abzweigen. An der folgenden Gabelung rechts und nach wenigen Minuten zu einem Felsblock, dem Predigtstuhl.
Hierher zogen sich die Dürrnberger Protestanten zu ihren geheimen Gottesdiensten zurück; hier verkündete Schaitberger seinen Glaubensbrüdern Luthers Auslegung der Bibel. Zu diesem einsamen Platz pilgern seit Jahren viele evangelische Christen, und zweimal im Jahr findet vor dem Predigtstuhl ein ökumenischer Gottesdienst statt.

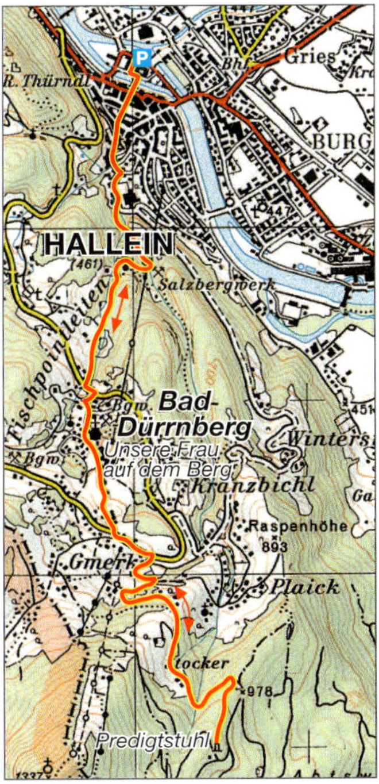

Georgenberg und St. Nikolaus

Zwei „Fährschiffe des Glaubens" im Salzachtal

Anfahrt/Ausgangspunkt: Mit der S-Bahn, die im 30-Minuten-Takt fährt, nach Vigaun und Rückfahrt von Golling (Info Tel.: 0662/4660-330 oder 051717).
Wegverlauf: Vigaun – Georgenberg – Kuchl – St. Nikolaus – Golling.
Anforderung: 15 km Distanz und 4 Std. Gehzeit.

Stefan Zweig empfand die Festung Hohensalzburg als „steinernes Schiff über dem grünen Gewoge der Landschaft. Festgeankert fährt es durch die Zeit und steht doch ewig an gleicher Stelle". Die alten Pilgerziele Georgenberg bei Kuchl und St. Nikolaus in Torren verleiten dazu, Zweigs einprägsames Bild in „Fährschiffe des Glaubens" abzuwandeln: über senkrechten Felsen gelegen,

Auf dem **Georgenberg** erlebte das junge Christentum in Salzburg eine seiner Sternstunden. Um das Jahr 470 besuchte der **heilige Severin** nachweislich die erste Salzburger Landpfarre auf dem Georgenberg. Er gilt als Apostel Noricums (= Österreich südlich der Donau), stiftete den Religionsfrieden zwischen Katholiken und den Arianern und starb 482 in Mautern bei Krems. Nach der Legende wirkte er auf dem Georgenberg ein Wunder: Weil noch etliche Menschen insgeheim heidnischen Göttern anhingen, befahl Severin, dass sich alles Volk mit Kerzen in der Kirche einfinde. Auf sein Gebet hin entzündeten sich plötzlich die Kerzen der wahren Christen, worauf sich die entlarvten Heiden unter Reuetränen zu Christus bekehrten. Die Kirche auf diesem „Fährschiff des Glaubens" ist dem Nothelfer Georg (dazu Seite 23) geweiht, den die Bauern als Patron der Haustiere verehren.

die den Strömen der Zeit standhielten, ein breites Deck für die Pilger, die offenkundig in Massen kamen. Warum sonst die Kanzeln an den Außenseiten beider Kirchen?

Wegverlauf

Der Pilgerweg führt vom Bahnhof **Vigaun** ostwärts zur Kirche des heiligen Nothelfers Dionysius (dazu Seite 22). Sie wurde um 1500 an jenem Platz erbaut, an dem schon 790 ein Gotteshaus stand.

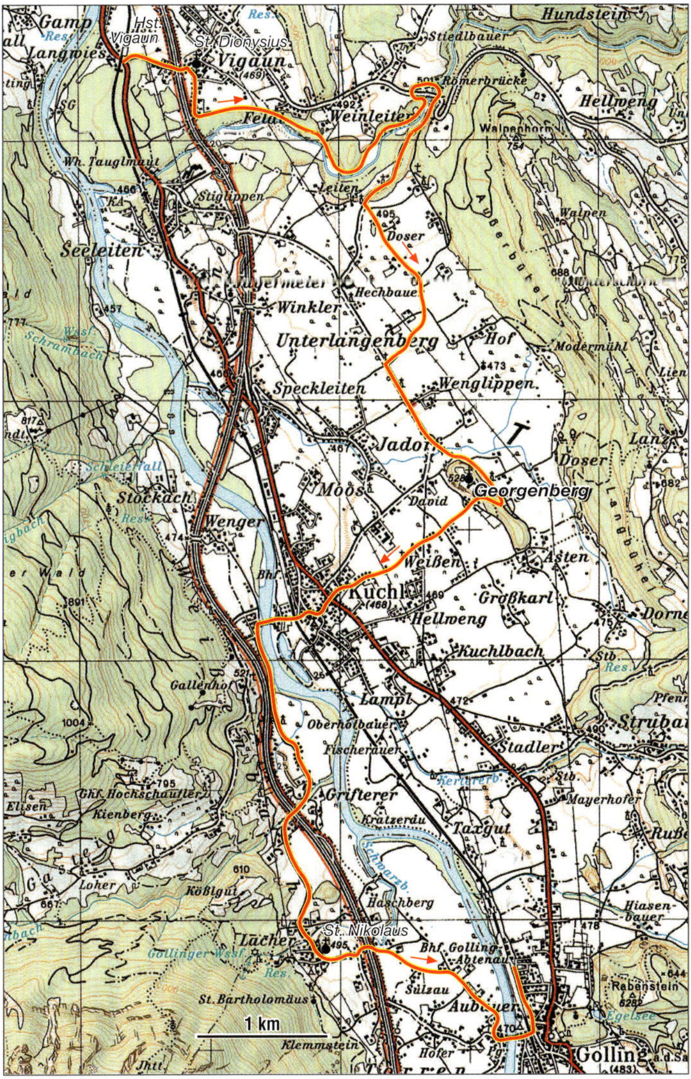

Nach **St. Nikolaus** auf dem Felsen in **Torren** pilgerten ehedem vorwiegend Bauern, um den Schutz des Heiligen für ihr Vieh und vor Hochwasser zu erbitten. Nikolaus lebte im 4. Jh., wirkte als Bischof von Myra und zählt zu den großen Wundertätern. Seine Popularität gründet vor allem in der Jungfrauenlegende: Um drei bettelarme Jungfrauen vor Unzucht zu bewahren, warf er ihnen nachts drei goldene Kugeln (oder auch drei Geldbeutel) als Mitgift für eine ehrenhafte Ehe in das Schlafzimmer. Die Äpfel als traditionelle Nikolausgabe am 6. Dezember an die Kinder erinnern daran. Er wird deshalb mit drei goldenen Kugeln auf einem Buch (Gelehrsamkeit) dargestellt. Als Attribut sind ihm auch drei Kinder in einem Bottich beigegeben. Er soll nämlich drei Schüler zum Leben erweckt haben, nachdem sie ein habgieriger Wirt getötet und in Fässern eingepökelt hatte. Zu seinen Attributen gehören auch ein Anker und Brote, weil er ein Schiff aus Seenot gerettet und Myra vor einer Hungersnot bewahrt hat.

Von hier südwärts durch die Dorfstraße, auf dem markierten Weg Nr. 6 entlang der Taugl ostwärts, über die Römerbrücke südwärts und gemäß den Wegweisern entlang der Ostseite des **Georgenbergs** bis zur Abzweigung scharf nach rechts hinauf zur **Kirche**. (Das große Haus vor der Kirche ist Privatbesitz und kein Gasthof!) Von der Kirche westwärts auf einem beiderseits eingezäunten Weg über die Wiese und durch Wald hinunter zur Straße nach **Kuchl**. Durch den Markt, über die Salzach und nach links (südwärts) auf einer schmalen Straße nach **St. Nikolaus**. Auf dem kurzen Anstieg von Südwesten auf dieses „Fährschiff des Glaubens" ermuntert eine Tafel: „Wirf nichts weg als Missmut und Traurigkeit." Von St. Nikolaus ostwärts, unter der Autobahn hindurch, auf dem Weg Nr. 16 zur Salzachbrücke, über die Gleise und nach links (nordwärts) zum Bahnhof **Golling**.

Maria Brunneck auf dem Pass Lueg, 552 m

Kam hier die Heilige Familie vorbei?

Anfahrt/Ausgangspunkt: Mit dem Pkw durch Golling, südwärts über die Lammer und zu einer Parkmöglichkeit am Südufer.
Wegverlauf: Parkplatz – Zimmerau – Pass Lueg – Salzachklamm – Maria Brunneck.
Anforderung: 5 km Distanz, 200 Hm Anstieg, 2 Std. Gehzeit.

Der Pass Lueg hatte als Engstelle des Verkehrs zwischen Salzburg und Innergebirg große strategische Bedeutung. Deshalb wurde er schon ab 1300 zum bestbefestigten Pass Salzburgs ausgestaltet, aber erst 1578 durch einen Fahrweg für Fuhrwerke erschlossen. In den napoleonischen Kriegen war dieser Pass zwischen 1800 und 1809 heftig umkämpft. Davon zeugt an der Südseite des Passes das Denkmal des Bauernführers Josef Struber, der hier die überlegenen Franzosen und Baiern zum Rückzug nordwärts zwang.

Wegverlauf

Von der Brücke über die Lammer auf dem markierten Güterweg (Nr. 35) 700 m entlang der Lammer ostwärts, dann ansteigend durch Wald in weitem Bogen über **Zimmerau** zum **Pass Lueg**. Rückweg auf dem spektakulären und gut gesicherten Steig durch die Salzachöfen (**„Salzachklamm“**), eine von der Salzach aus

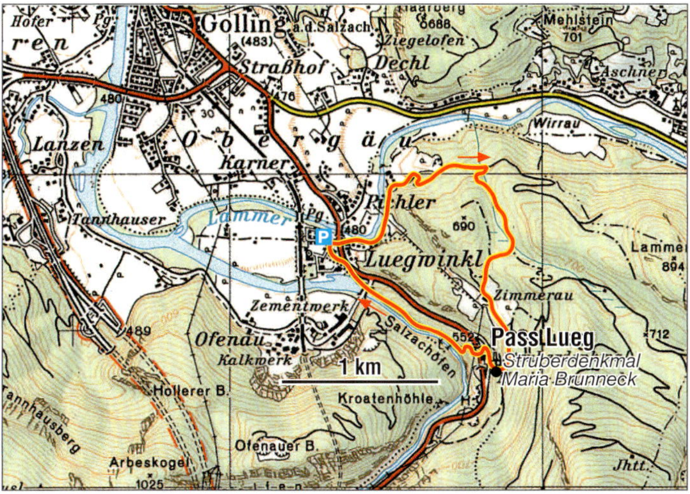

Maria Brunneck, Rastplatz der Fuhrwerke auf dem Pass Lueg

An der Südseite des Passes steht nächst einer Quelle seit 1715 die kleine Wallfahrtskirche **Maria Brunneck**, an der die Fuhrleute sich und ihren Pferden nach dem scharfen Anstieg eine Ruhepause gönnten. Die Legende erzählt, dass die Heilige Familie auf ihrer Flucht vor Herodes hier eine Rast einlegte. Und weil sie Durst quälte, entsprang hier plötzlich eine Quelle, deren Heilkraft vor allem gegen Augenleiden fortan viele Pilger anzog. Maria Brunneck ist heute eine „Autowallfahrt".

dem Kalkfelsen gefräste, sehr enge Schlucht. Das Wort „Ofen" stammt aus dem Mittelalter und bedeutet „Loch" oder „Höhle". Für den Weg durch die Salzachklamm ist eine Maut zu bezahlen. Vom nördlichen Ende dieser Klamm sind es nur mehr 500 m zurück zum Ausgangspunkt.

Kaum vorstellbar ist heute, dass sich bis herauf in das 19. Jh. Männer in die Salzachöfen abseilen ließen, um Verklausungen der Drehlinge (ca. 2 m lange Holzstämme) für die Saline in Hallein zu verhindern. Immerhin verbrauchte die Salzindustrie in Hallein ab etwa 1600 jährlich eine Holzmenge, die einem Holzstoß von 1 m Höhe, 1 m Breite und 200 km (!) Länge entsprach. Der Großteil davon kam aus dem Pinzgau.

Kirchenthal, 880 m

Warum hält das Jesuskind einen Stieglitz?

Anfahrt/Ausgangspunkt: Je nach Routenwahl mit dem Pkw nach Unken oder Lofer.
Wegverlauf: (Unken – Reit – Au – Bairau) – Lofer – Kirchenthal und auf gleichem Weg zurück.
Anforderung: 19 km Distanz, 300 Hm Anstieg, 5½ bis 6½ Std. Gehzeit.
Nimmt man den Pilgerweg ab Lofer, so verkürzt er sich auf knapp 9 km Distanz, 250 Hm Anstieg und 2½ Std. Gehzeit.

Als im Jahr 1677 die gotische Pfarrkirche von St. Martin nach barocker Manier durchgreifend modernisiert wurde, hatte man für eine gotische Statue der Madonna mit dem Jesuskind keinen Platz mehr. Waldarbeiter fanden aber an dieser Holzstatue Gefallen und stellten sie 1689 in ihrer Holzknechtkapelle im Hochtal rund 250 Hm oberhalb von St. Martin auf. Im Jahr darauf trug sich Seltsames zu. Die Madonna blickte sehr traurig und begann zu weinen. Das erregte großes Aufsehen und löste wachsenden Zulauf von Gläubigen aus. Eine kirchliche Kommission protokollierte eidliche Aussagen von Augenzeugen. Das beeindruckte Fürsterzbischof Johann Ernst von Thun so sehr, dass er selbst hierherpilgerte und schließlich den größten Teil der Bausumme von umgerechnet 5,7 Mio. Euro (Geldwert 2007) für eine Wallfahrtskirche stiftete. Der berühmte österreichische Barockbaumeister Bernhard Fischer von Erlach dimensionierte das Gotteshaus so großzügig, dass man es „Pinzgauer Dom“ nennt.

Die Wallfahrt zum „Pinzgauer Dom“

Die Bedeutung dieser Wallfahrt ist daran abzulesen, dass im 18. und im 19. Jh. jährlich bis zu 50.000 Pilger sogar aus Tirol, Bayern, Ungarn oder Kärnten hierherströmten. Davon zeugen auch 1500 Votivtafeln, deren wertvollste zum Schutz vor Dieben nur mehr in gesicherten Nebenräumen der Kirche unter Aufsicht zu sehen sind. Das Gnadenbild stammt aus der Mitte des 15. Jh. und zeigt die Muttergottes mit dem Jesuskind auf dem Schoß. Das Kind hält in seiner Rechten einen Stieglitz, das uralte Symbol für Leiden. Man glaubte nämlich, dass sich der arme Stieglitz von Disteln und Dornen ernähren müsse. Links neben der Wallfahrtskirche steht das geräumige Regenshaus. Es dient als Unterkunft für den Wallfahrtsseelsorger und für Pilger und war ursprünglich als Altersheim für Priester und als Priesterseminar gedacht. Das Mesnerhaus gegenüber bietet Platz für Kirchendiener und Wallfahrer. Das „Armenhäusl“ neben dem Gatter sollte die überschießende Bettelei eindämmen, indem Wallfahrer eine milde Gabe für die Armen spendeten. Über dem Kirchenportal könnte ein sonderbarer Buchstabensalat zwischen „Johannes Ernestus“ und „de Thun“ Neugier wecken: A&PSLNGPSRIC. Das sind die Anfangsbuchstaben der lateinischen Titel des Stifters; zu Deutsch und vollständig: (Johann Ernst) Erzbischof und Fürst von Salzburg, geborener Legat (des Papstes), Germaniens (Deutschlands) Primas, des Heiligen Römischen Reiches Graf (von Thun).

Adam Tanner und der Hexenwahn

Ausgangspunkt des Pilgerwegs nach Kirchenthal ist Unken. Dort erregte nämlich 1632 der Tod des Jesuiten und Moraltheologen Adam Tanner einen kleinen Aufruhr. Auf dem Weg von Innsbruck nach Salzburg nächtigte er im Pfarrhof von Unken und wurde am Morgen tot in seinem Bett gefunden. Als man seine Beisetzung vorbereitete, entdeckten Bauern in seinem Gepäck ein Mikroskop und beim Blick in dieses seltsame Gerät ein teuflisches Ungeheuer. Also bezichtigten sie den Toten der Komplizenschaft mit dem Teufel und wollten ihm das kirchliche Begräbnis auf dem geweihten Gottesacker verweigern. Der Pfarrer hatte größte Mühe, den erbosten Bauern das Mikroskop zu erklären, in dem man eine riesig vergrößerte Fliege sah.

Tanner zählte zu den schärfsten Kritikern der damals grassierenden Hexenhatz und verglich sie mit der Christenverfolgung. Er prangerte die Todesurteile für Hexen an, weil sie in anonymen Denunziationen gründeten und erfoltert würden. Die Hexenflüge seien Phantastereien, weil angebliche Hexen ihre Träume für Tatsachen halten. Mit solchen Argumenten riskierten damals Kritiker wie er, selbst vor ein Hexentribunal zu geraten. Tanners Grab ist seit dem Umbau der Kirche in Unken im 18. Jh. nicht mehr zu finden.

Der Volksmund nennt seit jeher die prächtige Wallfahrtskirche im einsamen „Tal der Kirche“ (= Kirchenthal) „Pinzgauer Dom“. Die erlesene Sammlung von Votivtafeln dokumentiert den Zulauf von weither.

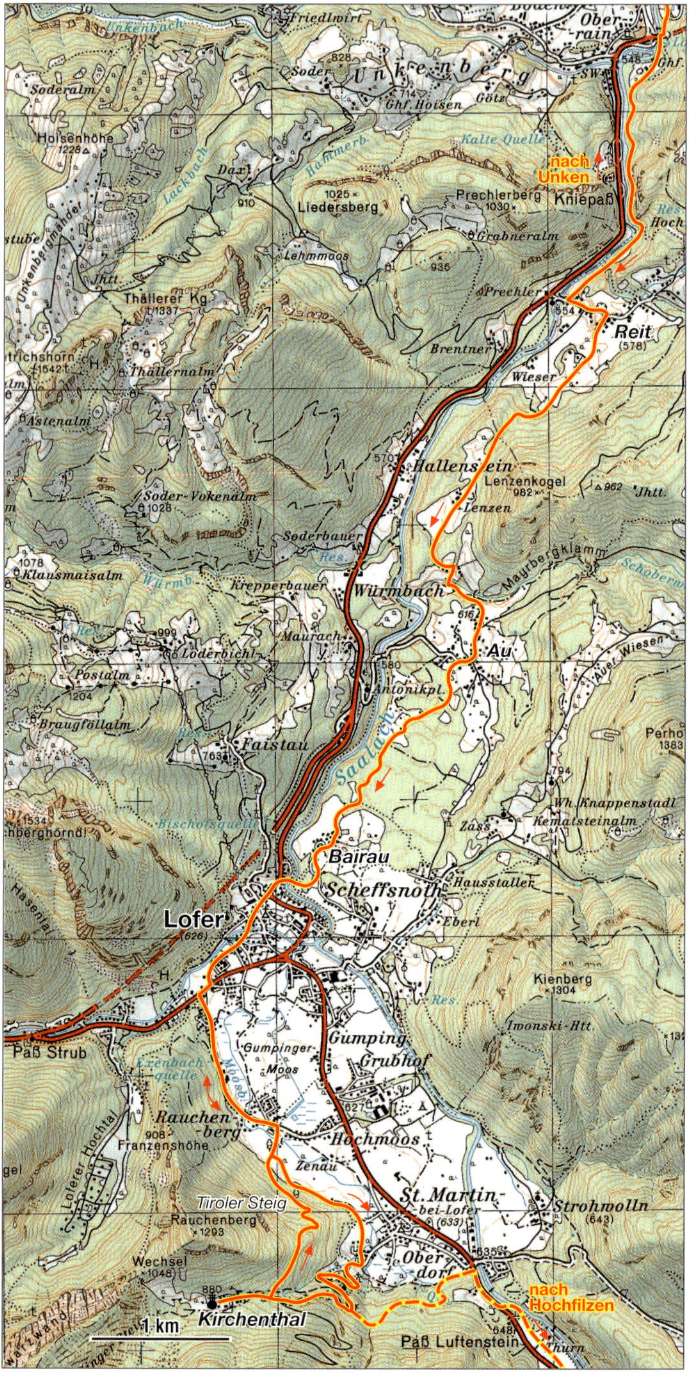

nach Unken
Kniepaß
Reit
Lofer
Paß Strub
Rauchenberg
Tiroler Steig
St. Martin bei Lofer
Oberdorf
nach Hochfilzen
Kirchenthal
Paß Luftenstein
1 km
Unkenberg
Liedersberg
Prechlerberg
Hallenstein
Lenzenkogel
Würmbach
Au
Saalach
Bairau
Scheffsnoth
Gumping
Grubhof
Hochmoos
Strohwolln
Faistau
Kienberg
Wechsel

Wegverlauf

In **Unken** über die Saalach, nach rechts auf dem mit Muscheln markierten Salzburger Ast des Jakobsweges parallel zur Saalach über **Reit**, **Au** und **Bairau** bis **Lofer**. Vom Marktzentrum westwärts auf der alten Bundesstraße, quer über die Umfahrungsstraße, weiter auf der Rauchenberg-Promenade, ab Bad Hochmoos auf der Moser-Promenade zur Mautstelle an der Straße hinauf nach **Kirchenthal**. Hier stehen zwei Wegvarianten zur Wahl: die 15 Stationen des Psalters (dazu Seite 16) entlang der **Bergstraße** oder der steilere Ölbergweg mit den Kreuzwegstationen (dazu Seite 17).
Der Rückweg erfolgt auf dem **Tirolersteig,** der wenige Meter östlich des Wallfahrtsorts nach links vom Fahrweg abzweigt und nach **Lofer** führt. Von hier mit dem Bus (Fahrplaninfo Tel.: 0662/4660-330) oder wieder zu Fuß zurück nach **Unken** (zusätzlich 9 km).

Die Rösserwallfahrt über den Römersattel

Das Bundesheer erneuerte die alte und durchaus anspruchsvolle Rösserwallfahrt von Hochfilzen zwischen Leoganger und Loferer Steinbergen hindurch nach Kirchenthal. Meist am letzten Freitag im Juni macht sich eine Einheit mit bis zu 40 Haflingern auf diesen Pilgerweg, trifft sich in der Vorderkaser mit den Heeresmuli aus Reichenhall und pilgert dann zum Festgottesdienst vor der Wallfahrtskirche.

Anfahrt/Ausgangspunkt: Mit Bahn oder Pkw über Saalfelden nach Hochfilzen. Rückkehr von St. Martin mit Bus und Bahn (Fahrplaninfo Tel.: 0662/4660-330) oder einem zweiten Pkw nach Hochfilzen. Nächtigung in Hochfilzen ratsam.
Anforderung: 17 km Distanz, 450 Hm Anstiege, 5 bis 6 Std. Gehzeit.
Wegverlauf: In **Hochfilzen** über die Eisenbahn, auf dem Fahrweg (Markierung Nr. 19) nordostwärts über 250 Hm auf den **Römersattel**, Abstieg entlang dem Römerbach zur **Dalsenalm**, weiter auf einer Forststraße durch die **Rossruckklamm** und den Schüttachgraben/Vorderkaser zur Pinzgauer Bundesstraße. Parallel zu dieser auf dem Radweg zum **Pass Luftenstein** (648 m) und nach links auf dem Luftensteinweg noch 250 Hm hinauf nach **Kirchenthal**.
Zwischen Hochfilzen und dem Römersattel durchquert der Pilgerweg den Truppenübungsplatz, der wegen Schießübungen stundenweise gesperrt ist (Info Tel.: 0664/6226410).

Einsiedelei Palfen, 1004 m

Rückzug aus dem geschäftigen Alltag

Anfahrt/Ausgangspunkt: Mit dem Pkw rund 500 m nördlich der großen Straßenkreuzung am westlichen Stadtrand von Saalfelden ostwärts (Wegweiser „Wallner-Kaserne“) bis zum Beginn der Lichtenbergstraße im Ortsteil Pabing (759 m).
Wegverlauf: Pabing – Schloss Lichtenberg – Einsiedelei Palfen – Bachwinkl – Pabing.
Anforderung: 5 km Distanz, 250 Hm Anstieg, 2 Std. Gehzeit.

Sich aus dem Getriebe des irdischen Alltags in die Einsamkeit zurückzuziehen und das möglichst bedürfnisfreie Leben eines gottgefälligen Einsiedlers zu führen, ist ein spirituelles Lebenskonzept, das bereits aus dem vorchristlichen Ägypten bekannt ist. Im europäischen Mittelalter erhielt es durch die von milden Gaben abhängigen Bettelorden erheblichen Auftrieb. Im Wald oberhalb von Schloss Lichtenberg ließ sich erstmals 1664 ein Eremit mit erzbischöflicher Erlaubnis nieder. Er gestaltete die Höhle, in der die Menschen schon seit Mitte des 16. Jh. ein Bild des heiligen Nothelfers Georg verehrt hatten, zu einer viel besuchten Kapelle aus. Daneben baute er mit Unterstützung einer Bruderschaft eine bescheidene Eremitage, davor legte er ein Gemüsegärtchen an. Seither war diese Einsiedelei kaum je verwaist – die Winter ausgenommen –, blieb aber so karg wie eh und je.

Die Klause des Eremiten am Felsen des Palfen bei Saalfelden

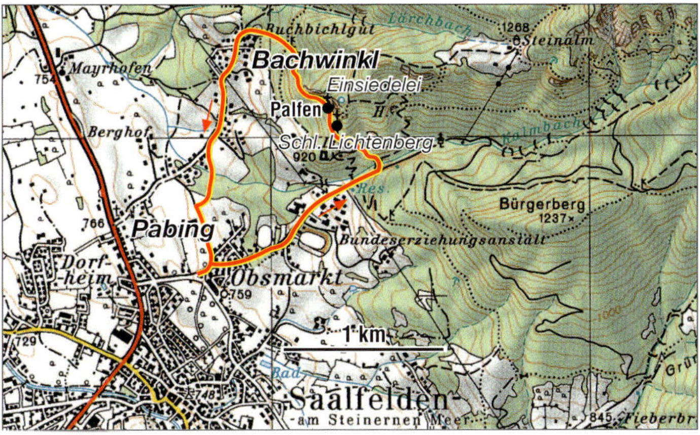

Wegverlauf

Von **Pabing** auf der Lichtenbergstraße nordostwärts durch einen großen Schulkomplex hinauf zum **Schloss Lichtenberg**. Es diente vom hohen Mittelalter bis in das 18. Jh. als Sitz des Pflegers sowie als Gericht und Gefängnis. 1872 ersteigerte ein Privatmann den zunehmend verfallenden Bau und erneuerte ihn gründlich. Von hier noch 60 Hm empor zur **Einsiedelei**, die am senkrechten Felsen des Palfen zu kleben scheint. Rückweg von der Einsiedelei nordwärts auf dem Waldweg hinunter in den **Bachwinkl** und auf gut beschildertem Weg zurück nach **Pabing**.

Das Leben der Eremiten

Auch heute noch muss der Eremit Wasser, Lebensmittel und Brennmaterial vom Schloss Lichtenberg hinauftragen, er hat keinen Stromanschluss, also weder Kühlschrank noch Radio oder Fernsehen. Um Missbräuche aller Art zu unterbinden, muss ein Anwärter gemäß der strengen Tages- und Bußordnung für Eremiten von 1748 nachweisen, dass er aus eigenen Mitteln leben kann. Eremitagen waren exterritorial und Einsiedler immun, weshalb der niederen Gerichtsbarkeit entrann, wer bei Einsiedlern Zuflucht suchte. Der Einsiedler auf dem Palfen gehört im Regelfall dem Dritten Orden des heiligen Franziskus an und darf daher auch die Mönchskutte tragen. Er betreut die Georgskapelle, begrüßt die Besucher, betet mit ihnen und läutet an jedem Abend zum Angelusgebet.

Der Palfen ist am Georgitag (23. April) ein beliebtes Pilgerziel. Früher setzte dieser Tag eine Zäsur im bäuerlichen Jahreskreis: Die Dienstboten wechselten ihren Arbeitsplatz (später geschah dies am 2. Februar), die Tiere wurden wieder auf die Weide getrieben.

Maria Alm

Fürbitten um Schutz der Rinder vor wilden Tieren

Anfahrt/Ausgangspunkt: Saalfelden, ostwärts ca. 3 km weiter nach Almdorf.
Wegverlauf: Almdorf – Rain – Gastegkapelle – Wallfahrtskirche Maria Alm – Almdorf.
Anforderung: Insgesamt 6 km Distanz, 1½ Std. Gehzeit.

An einem Baum in Maria Alm hing einst ein Madonnenbild, vor dem die Bauern Schutz ihrer Rinder vor wilden Tieren erbaten. Nach diesem Vorbild schnitzte ein unbekannter Meister 1636 die Statue, die heute auf dem Hochaltar der um 1400 erbauten Wallfahrtskirche steht. Ihren schlanken, 82 m hohen Turm übertrifft im Land Salzburg lediglich jener der Franziskanerkirche in Salzburg um drei Meter an Höhe. Zu diesem Gnadenbild trugen die Menschen alle ihre Nöte, wie die Votivtafeln bestätigen (deren schönste allerdings im Saalfeldener Museum Schloss Ritzen hängen). Auch das Mirakelbuch aus dem Jahr 1738 verzeichnet viele Wunder und Gebetserhörungen. Die Wallfahrer kamen sogar aus Bayern, Niederösterreich und der Steiermark hierher.

Wegverlauf

Von der uralten Siedlung **Almdorf** (sehenswertes Ensemble Mitterpinzgauer Bauernhöfe) nordwestwärts auf der Zufahrt zurück

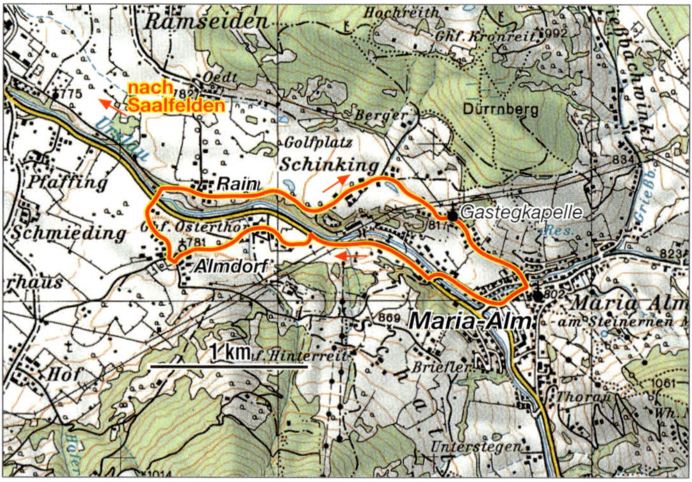

Maria Alm vor der imposanten Kulisse des Hochkönig

Richtung Saalfelden, über die Landstraße und die Urslau, wenige Meter hinauf nach **Rain** und auf dem bezeichneten Radweg ostwärts über **Schinking** zur **Kapelle in Gasteg**. Von hier sind es nur noch 10 Minuten bis zur Wallfahrtskirche **Maria Alm**.
Der **Rückweg** verläuft südwestwärts bis knapp an die Urslaubrücke, biegt dann nach rechts ab in die Straße, die parallel zur Urslau verläuft. Nach ca. 700 m über den Fluss und auf der Landstraße ca. 500 m weit talauswärts. Schließlich nach links ab in den Fahrweg und etwas bergan zurück nach **Almdorf**.

Die Kapelle in Gasteg

Sie ist der Schmerzhaften Gottesmutter geweiht und taucht erstmals 1546 in Urkunden auf. Nach der Legende erschien die Madonna einer blinden Frau und machte sie auf die Heilkraft einer Quelle aufmerksam, die nahe der Kapelle entspringt. Die Blinde wusch ihre Augen mit diesem Wasser und erlangte so auf wundersame Weise das Augenlicht wieder. Seither pilgern Menschen mit Augenleiden zu dieser Quelle und zur Kapelle. Das dokumentieren auch die erhaltenen Votivtafeln. Das Gnadenbild, eine Pietà, stammt aus dem 14. Jh. und ist vermutlich die älteste Darstellung der Schmerzhaften Gottesmutter im Ostalpenraum. Deswegen befindet sie sich heute im Salzburger Dommuseum.

Wallfahrt nach St. Bartholomä

Bittgang über das unwegsame Steinerne Meer

Anfahrt/Ausgangspunkt: Über Saalfelden nach Maria Alm und 4 km nordwärts in den Grießbachwinkel zum Parkplatz (1100 m).
Wegverlauf: Grießbachwinkel – Riemannhaus – Kärlingerhaus – Königssee – St. Bartholomä.
Anforderung: 16 km Distanz, 1200 Hm Anstiege, 7 bis 8 Std. Gehzeit.

Eine anspruchsvolle zweitägige Wallfahrt führt jedes Jahr am Namenstag des heiligen Bartholomäus (24. August) oder am Wochenende hernach von Maria Alm über das Steinerne Meer nach St. Bartholomä am Königssee. Ursprünglich pilgerten die Pinzgauer seit Ende des 16. Jh. über das Steinerne Meer zur Madonna auf dem Dürrnberg (insgesamt vier Tage, 65 km Distanz und 3800 Hm Anstiege). Seit jedoch 1688 bei einem Schiffsunglück auf dem Königssee 70 Pilger ertranken, ist St. Bartholomä das Ziel von jährlich rund 2000 Pilgern, deren Rückkehr in den Pinzgau heute mit Bussen erfolgt – aber nur an diesem Tag (Info Tel.: 06584/78160). Eine private Wallfahrt zu anderen Zeiten stellt somit ein kniffliges Transportproblem.
Seit jeher war das Steinerne Meer das Revier einheimischer Schmuggler. Auf dem Abstieg vom Kärlingerhaus durch die steile „Saugasse" zum Königssee entdeckt ein scharfes Auge noch die spärlichen Überreste einer Mauer. Sie wurde um 1600 aufgeschichtet, um dem Wild den Wechsel in den Pinzgau zu versperren. Das war die Antwort auf den Versuch der Salzburger Erzbischöfe, die „Flucht" des Wildes aus ihrem bevorzugten Jagdrevier im Blühnbachtal nach Berchtesgaden mit einem beachtlich hohen Wall zu unterbinden.

Wegverlauf

Vom Parkplatz nordwärts immer der Markierung Nr. 10 folgen, zuletzt durch gesicherte Felspassagen zum **Riemannhaus** (2177 m, bis hierher 3 Std. Gehzeit) und weiter über die karstige Hochfläche zum **Kärlingerhaus** (Funtenseehaus, 1638 m). Dann weiter teils sehr steil 1600 Hm hinunter zum **Königssee**, an seinem Ufer hinaus nach **St. Bartholomä** und mit dem Boot 5 km weiter zum Ort Königssee. Die meisten Teilnehmer an der Wallfahrt steigen am Vorabend zum Riemannhaus auf und setzen am nächsten Morgen nach einem Gottesdienst die Wallfahrt fort.

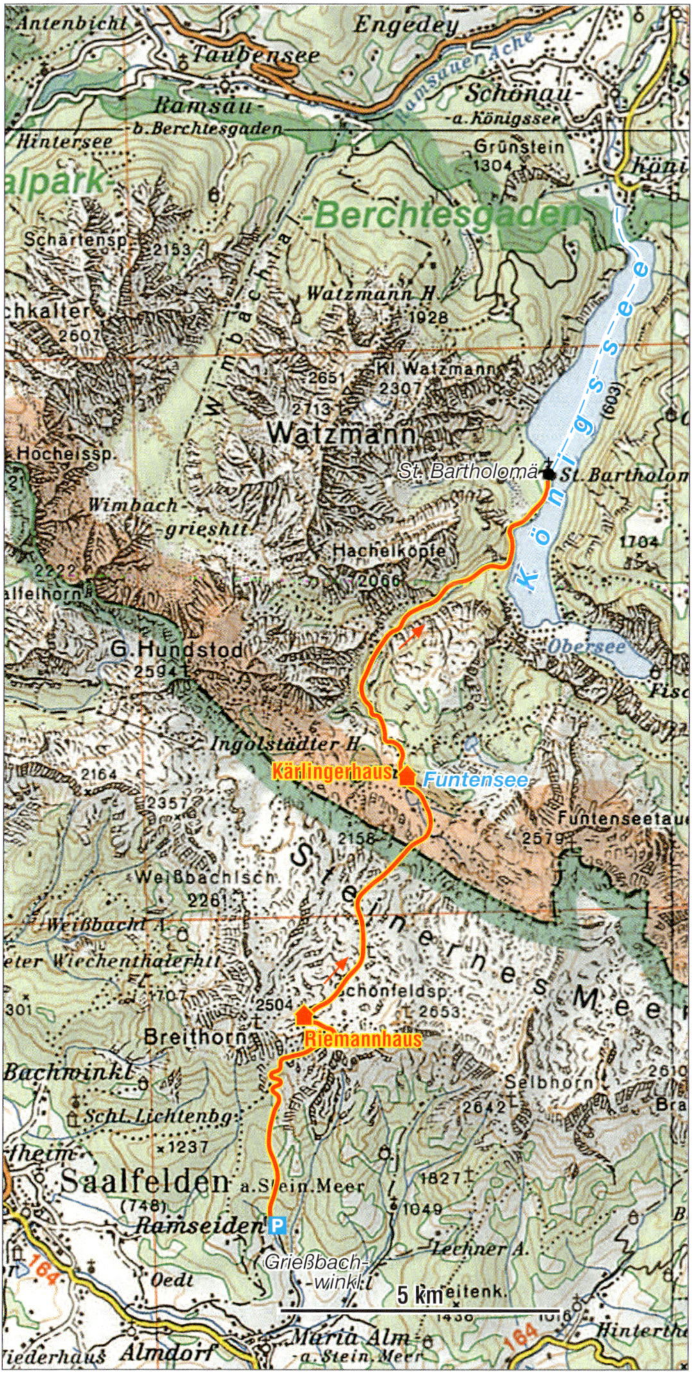

Antenbichl
Engedey
Taubensee
Ramsauer Ache
Ramsau-b.Berchtesgaden
Schönau-a.Königssee
Hintersee
Grünstein
1304
alpark-Berchtesgaden
Schärtensp.
2153
Watzmann H.
1928
2607
Kl. Watzmann
2651
2307
2713
Watzmann
Wimbachtal
Hocheissp.
St. Bartholomä
St. Bartholom
Königssee
(603)
Wimbach-grieshtt.
Hachelköpfe
2066
1704
2222
G.Hundstod
2594
Obersee
Ingolstädter H.
Kärlingerhaus
Funtensee
2164
2357
2158
Funtenseetau
2579
Weißbachlsch.
2261
Steinernes Meer
Weißbachl A.
Wiechenthalerhtt.
Schönfeldsp.
2653
2504
Riemannhaus
Breithorn
Bachwinkl
Selbhorn
2642
Schl. Lichtenbg.
1237
1827
Saalfelden a.Stein.Meer
(748)
1049
Ramseiden
P
Grießbach-winkl
Lechner A.
Oedt
164
5 km
Maria Alm-a.Stein.Meer
Almdorf
Hinterth

Jakobsweg 3 Wald / Krimml, 1076 m

Bittgang der Saalbacher um eine gute Ernte

Anfahrt/Ausgangspunkt: Mit dem Pkw über Mittersill oder den Gerlospass nach Wald im Oberpinzgau. Ausgangspunkt ist die Nikolauskirche in Wald.
Wegverlauf: Wald – Sixtuskapelle – Vorderkrimml – Unterkrimml – Krimml – Unterkrimml – Wald.
Anforderung: 12 km Distanz, 400 Hm Gesamtanstieg, 4 Std. Gehzeit.

Nach den unscharfen Zeitbegriffen der mündlichen Überlieferung pilgerten die Saalbacher seit „unvordenklichen" Zeiten bis herauf in die Zwischenkriegszeit des 20. Jh. zum heiligen Jakobus in Krimml, um eine gute Getreideernte zu erbitten. Mit 46 km Distanz und 1000 Hm Anstieg über die Pinzgauer Grasberge (und der gleichen Anforderung auf dem Rückweg!) war dieser Jakobsweg an Härte und Anforderung einsame Klasse – und mag auch als Nachweis für das Gottvertrauen der armen Bergbauern im Glemmtal dienen.

Krimmls Name stammt von der Talkrümmung von West auf Süd

Die 1579 erbaute **Sixtuskapelle** fand sehr schnell Zuspruch, weil der heilige Papst Sixtus II., der 258 während eines Gottesdienstes in den Katakomben ermordet worden ist, als „Nothelfer“ für junge Frauen gilt, die keinen Ehemann finden. Die tiefere Ursache für diese Wallfahrt lag freilich in den sozialen Verhältnissen. Mägde (wie auch Knechte) auf dem Land erhielten bis herauf zur Wende in das 20. Jh. keine amtliche Heiratserlaubnis, wenn sie nicht über ausreichendes Heiratsgut verfügten, das den Nachwuchs materiell einigermaßen sicherstellte. Einen Ausweg bot die so genannte „Sommerehe“, die in Heustadeln vollzogen wurde und nicht selten unerwünschte Folgen zeitigte. Dann aber drohte den ledigen Müttern ein Spießrutenlauf: Sie wurden scheel angesehen, mussten meist für das Kind Zieheltern finden und für dessen Unterhalt den Großteil ihres ohnehin miserablen Lohnes opfern. Diese armen und gedemütigten Wesen hofften daher auf die Hilfe des heiligen Sixtus.
Die Bedeutung dieser Kultstätte liegt darüber hinaus auch an einem „Schliefstein“ – zwei eng nebeneinander stehenden Felsblöcken, denen Heilkräfte zugeschrieben wurden. Wer durch den schmalen Spalt kroch, hoffte auf Heilung von Hals- und Rückenschmerzen. In der Aufklärung wurde ein Block weggesprengt, um dieses abergläubische Treiben zu beenden.

In Urkunden taucht ein Gotteshaus in Krimml schon 1244 auf; nämlich als eine Art von geistlichem Stützpunkt für Händler und Pilger, die den überaus beschwerlichen Weg über den Krimmler Tauern nach Südtirol in Angriff nahmen – immerhin mindestens acht Gehstunden und ein Anstieg über 1600 Hm bis zur ersten Siedlung im Ahrntal. Bereits kurz nach dem Ausgangspunkt ist die historisch bemerkenswerte Sixtuskapelle erreicht.

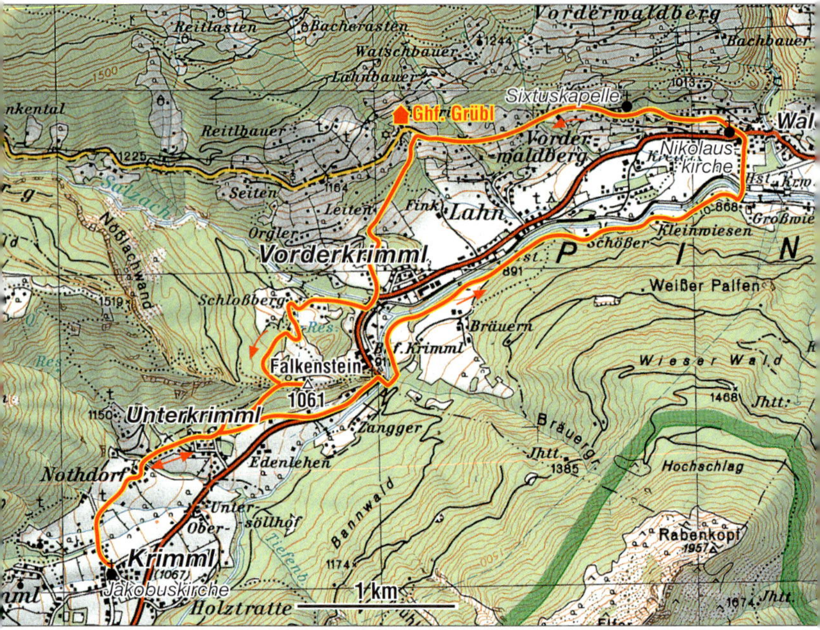

Wegverlauf

Von der gotischen **Nikolauskirche** in Wald auf der alten Gerlosstraße ca. 700 m weit zur **Sixtuskapelle** (Wegweiser), die ca. 50 m nördlich der Straße in einem Wald steht. Von dort 1,3 km weiter auf der Gerlosstraße bis knapp vor den **Gasthof Grübl**. Nach links abzweigen und oberhalb von Lahn westwärts hinunter nach **Vorderkrimml** (hierher auch direkt von Wald auf dem Fußweg neben der Bundesstraße; spart gut 200 Hm Anstieg und etwa 40 Minuten Gehzeit). Jenseits der Brücke über die unscheinbare Salzach sogleich nach rechts auf dem beschilderten Weg über den **Falkenstein** und durch **Unterkrimml** zur Jakobuskirche in **Krimml**.

In dieser einfachen Landkirche findet man an der Nordseite ein Fresko aus dem Jahr 1652 mit der sehr seltenen Darstellung aller 14 Nothelfer (erkennbar an ihren Attributen, dazu Seiten 19ff).

Rückweg: Von der Pfarrkirche zunächst auf dem Hinweg zurück nach **Unterkrimml**, dann aber auf dem Weg Nr. 7 unterhalb des Falkensteins auf die Bundesstraße, an deren scharfer Linkskurve ostwärts über die Achenbrücke und nach links auf dem Achenwaldweg am rechten Flussufer zurück nach **Wald**.

Markkirchl und Salzachquelle, 1983 m

Wo Almleute den Sonntagsgottesdienst feierten

Anfahrt/Ausgangspunkt: Über Wald im Pinzgau und auf der alten Gerlosstraße bis zur Parkmöglichkeit an der Abzweigung eines Güterweges knapp 1 km westlich des Ronachwirts.
Wegverlauf: Parkplatz – Mülleralm – Salzachalm – Markkirchl.
Anforderung: Anstieg 6 km Distanz, 500 Hm und 2½ Std. Gehzeit, Abstieg 2 Std.

In der vermeintlich „guten alten Zeit" bestanden noch keine Güterwege für die Fahrt zu entlegenen Almen. Dort weidete auch nicht nur pflegeleichtes Galtvieh wie heute, sondern die Arbeit war hart und erforderte beträchtlichen Aufwand an Personal. Die nächste Kirche lag stundenweit entfernt, und der Seelsorger konnte beim besten Willen nicht den Sonntagsgottesdienst zugleich in der Pfarrkirche und auf mehreren Almen feiern. Damals errichtete man auf einigen Almen eigene Kapellen, in denen Sennerinnen und Hirten ihrer Sonntagspflicht mit einem Rosenkranz nachkamen. So eine alpine Kultstätte ist das Markkirchl auf dem 1983 m hohen Salzachjoch, genau an der Grenze zwischen Salzburg und Tirol.

Das Markkirchl auf dem Salzachjoch, hinten die Reichenspitzgruppe

Schon 1740 notierte ein Chronist, dort stehe „eine kleine Kapelle mit einem großen hölzernen Kreuz. Dies ist das Bethaus der frommen Sennen und Hirten. Hier versammeln sie sich von den Alpen an den Feiertagen und halten ihren Gottesdienst. Der Melker ist ihr Pfarrer." Aus Almen im Umkreis von eineinhalb Gehstunden pilgerten sie also hierher, denn zu den Kirchen in Wald im Pinzgau oder in Kelchsau braucht man hin und zurück mindestens acht Gehstunden.

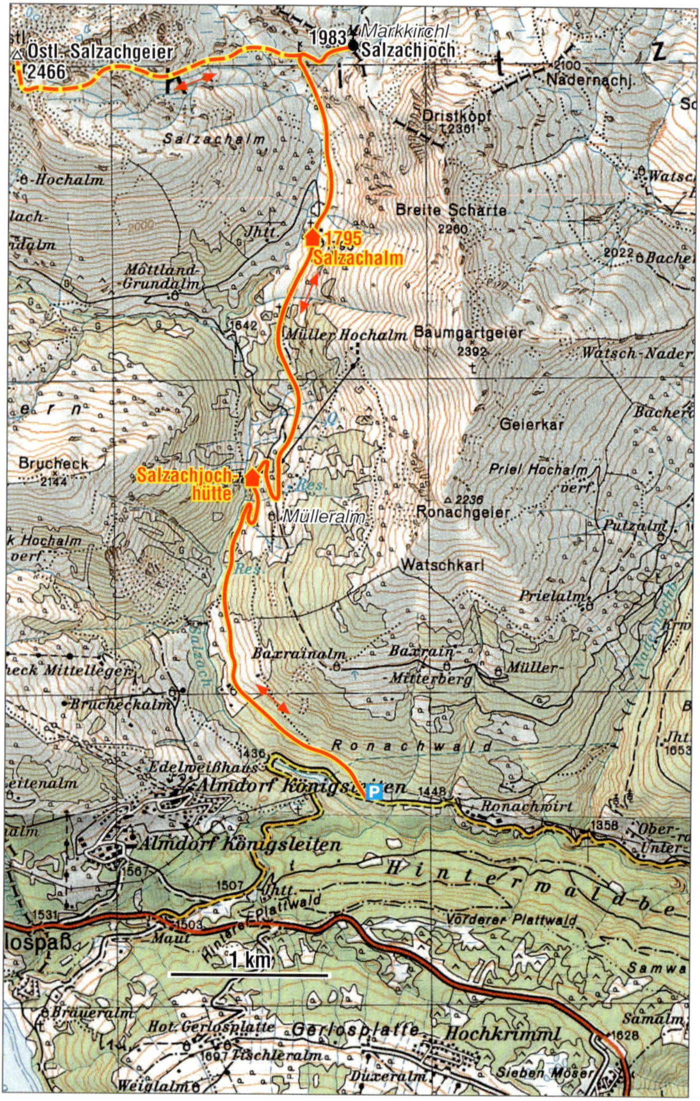

Die Quelle der Salzach und der heilige Rupertus

Im Jahr 1799 fand in dieser Gegend auch eine Pilgerfahrt der wissenschaftlichen Art statt: die Suche nach der Salzachquelle. Der bedeutende österreichische Topograph und Schulreformer **Franz Michael Vierthaler** (1758–1827), der bis zur Abdankung des Fürsterzbischofs Colloredo 1803 zu den prägenden Köpfen der glanzvollen Aufklärung in Salzburg gehörte, machte sich in Ronach bei Wald auf den Weg, „als wenn es den Quellen des Nil gälte". Bis dahin hatten Wissenschafter darüber theoretisiert, ob der Salzach-Ursprung im Krimmler Achental oder auf der Gerlos liege. Ein Melker führte Vierthaler nordwärts in drei Stunden zum Salzajoch. Überraschend floss jedoch die Salzach aus einem unbekannten Graben von Westen her, dessen Ursprung in einem winzigen, aber tiefen See in einem engen Kessel lag.
„Hier stand ich also an der Quelle und freute mich innig", schrieb Vierthaler und fügte hinzu: „Mein getreuer Führer schien lebhaften Antheil an meiner Freude zu nehmen. Er versicherte mir in ernster Simplicität, daß seit St. Ruprechts Zeiten (Anmerkung: der hl. Rupertus lebte im 7. Jh. und gilt als Begründer Salzburgs) nie ein Städter bis hierher gerathen sey. Nur dieser Heilige hatte sich so weit gewagt, um den Namen des Flusses an der Quelle selbst zu erfahren, und der Stadt, die er baute, den Namen daraus zu schöpfen."

Wegverlauf

Von der Abzweigung nordwärts auf dem Güterweg über die **Jausenstation Salzachjoch** (Einkehr) zur **Mülleralm**. Ab hier mit der Markierung 718 (702 A) über die **Salzachalm** zum weithin sichtbaren **Markkirchl** (1983 m).

Variante: Östlicher Salzachgeier (2466 m)

Anforderung: Zusätzlicher Anstieg gut 2 km Distanz, 550 Hm, insgesamt 3 Std. Gehzeit ab dem Salzachjoch.
Wegverlauf: Etwa 70 Hm unterhalb des Salzachjochs zweigt westwärts der mit Nr. 720 markierte Weg zum Salzachgeier ab. Am Wegweiser steht „Trittsicherheit erforderlich!" – nicht nur wegen des grasigen und steilen Gipfelaufschwungs, sondern wegen der Nässe, die dem Pfad in unglaublichen Mengen aus den Wiesen mit ihren unendlich vielen Quellchen zusetzt.
Der aussichtsreiche Gipfel bietet nordwärts einen hervorragenden Überblick über das Quellgebiet der Salzach auf dem Schwebenboden.

Zur Heidnischen Kirche in Kaprun

Geheimer Treffpunkt der Pinzgauer Protestanten

Anfahrt/Ausgangspunkt: Von Zell am See über Kaprun bis zur Parkgarage beim Kesselfall-Alpenhaus (1034 m).
Wegverlauf: Kesselfall-Alpenhaus – Bergstation Schrägaufzug – Busfahrt zur Fürthermoaralm – Heidnische Kirche.
Anforderung: Anstieg 5 km Distanz, 800 Hm, 3 Std. Gehzeit.

An der Westseite des Stausees Mooserboden im Kapruner Tal steht auf 2036 m Seehöhe ein Denkmal, das vom Bildhauer Josef Magnus konzipiert wurde. Der schützende Mantel der heiligen Barbara – der Nothelferin für alle, die mit Sprengstoff umgehen – wird von einem Schwall Wasser gebildet. Dieses Kunstwerk überwölbt die Heidnische Kirche. So wird ein gespaltener Stein benannt, dem die Menschen früher unheimliche Kräfte zusprachen. Deshalb mieden sie diesen Platz. Just deshalb pilgerten im 17. Jh. Pinzgauer Protestanten hierher, um ungestört Gottesdienste zu feiern – 12 km Luftlinie und 1200 Hm von der nächsten Siedlung entfernt.
Diese Einöde durchzog lediglich ein Saumpfad für den Handel von Zell am See über das Kapruner Törl und den Kalser Tauern nach Osttirol, und der konnte auf gut 6 km Länge von der Heidnischen Kirche aus eingesehen werden. Ideale Bedingungen also, um diesen Kultplatz geheim zu halten.
Heute bedient man sich für diese Pilgerfahrt am besten des Bus-Service zu den Stauseen, denn erstens ist der Steig zwischen dem Lärchwand-Schrägaufzug und der Fürthermoaralm wegen häufigen Steinschlags und Firnresten selbst im Spätsommer gefährlich und zweitens erfolgt die Rückkehr ohnedies im Bus.

Bauingenieur Heinrich Gassner

In der Nähe der Bergstation des Schrägaufzugs erinnert eine Tafel an Heinrich Gassner. Er bahnte 1897 einen ca. 2 m breiten Fahrweg vom Kesselfall hinauf zum Mooserboden und erschloss damit hochwohlgeborenen Herrschaften eine neue Dimension der noblen Sommerfrische: Einmal 1899 durch den Bau eines hölzernen Hotels auf dem Mooserboden, in dem man elegant, aber um 30 % teurer logierte als im besten Hotel der Stadt Salzburg; und dann durch die Auffahrt mit „Sesselwagerln“ (= zweirädrigen Einspännern mit gepolsterten Sitzen) von Zell am See auf den Mooserboden – zum Preis von umgerechnet 180 Euro.

Wegverlauf

Von der **Bushaltestelle** beim Hotel Kesselfall-Alpenhaus an der östlichen Talseite südwärts, über die Stegenfeldbrücke hinauf zur **Talstation** des Lärchwand-Schrägaufzugs und dann auf dem von Gassner angelegten schmalen Fahrweg von 25 % Steigung im Zickzack beiderseits des Schrägaufzugs durch einen bezaubernden Wald von Bergahorn zur **Bergstation** des Schrägaufzugs. Wo dieser Weg nach 150 Hm den Schrägaufzug unterquert, befindet sich die Heinrich-Gassner-Gedenktafel.

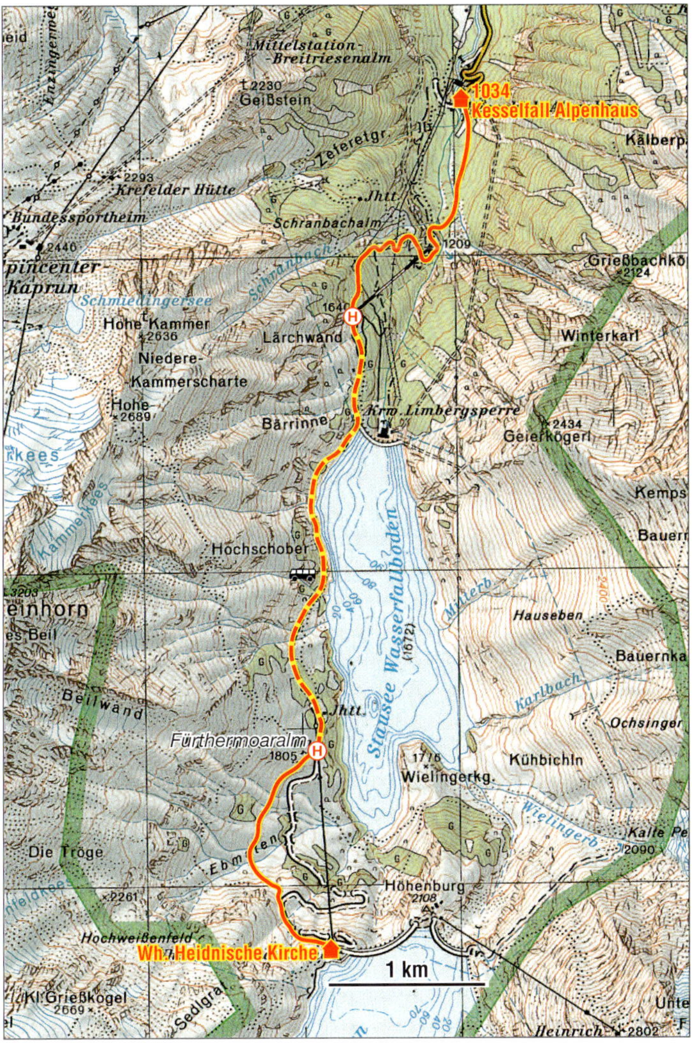

Von der Bergstation des Schrägaufzugs (1640 m) mit dem Bus knapp 3 km weit durch mehrere Tunnels bis zur Fürthermoaralm (1805 m) und dann zu Fuß auf dem Weg durch den weiten Kessel der Ebmaten 200 Hm hinauf zur Heidnischen Kirche (Einkehr). Die Rückkehr von der Heidnischen Kirche zum Kesselfall erfolgt im Bus.

Das Tauernkraftwerk

Die Szenerie beim Stausee Mooserboden (2000 m) macht verständlich, dass und warum das Kapruner Tal schon um die Mitte des 19. Jh. die Pioniere der Bergsteigerei anlockte: Es ist das weitaus kürzeste aller Tauerntäler und endet im Amphitheater von einem Dutzend Gipfeln jenseits der 3200-Meter-Marke.

An diesem großen Gefälle auf kurzer Distanz faszinierte später die Möglichkeit, unerschöpfliche Wasserkraft in elektrische Energie umzuwandeln. So entstand von 1939 bis 1955 das Tauernkraftwerk. Dabei wurden bis zu 4400 Arbeitskräfte eingesetzt – in der ersten Bauphase nahezu ausschließlich Kriegsgefangene und Zwangsarbeiter –, erst ab 1946 Österreicher. Das Tauernkraftwerk trug entscheidend zum Wiederaufbau der Wirtschaft bei und entwickelte sich als erstes Großkraftwerk Österreichs zu einem Mythos.

Die Heidnische Kirche (links unten) in Kaprun

Die Begeisterung über den Bau dieser Anlagen riss die Journalisten vor einem halben Jahrhundert zu Reportagen hin, die uns heute eher befremden und nur aus der Aufbruchsstimmung des Wiederaufbaus erklärlich sind. Ein Reporter schwärmte sogar: „Was im Mittelalter die gotischen Kathedralen waren, das sind für uns heute die Staumauern."

Dreieinhalb Jahrhunderte zuvor waren Protestanten hierhergepilgert, um möglichst weit weg von Kathedralen ihre geheimen Gottesdienste zu feiern.

Tauern-Hochtor, 2576 m

Der Rauriser Pilgerweg nach Heiligenblut

Anfahrt/Ausgangspunkt: Über Taxenbach, Rauris und Wörth bis zum Parkplatz Seidlau im Seidlwinkltal. Von dort zu Fuß, per Rad oder Taxi zum Rauriser Tauernhaus (1256 m).
Wegverlauf: Tauernhaus – Reintalerhütte – Fuscher Wegscheide – Hochtor.
Anforderung: Vom Parkplatz knapp 8 km, 450 Hm und 2 Stunden bis zum Tauernhaus. Bis dorthin besteht ab Rauris ein Taxidienst (Info Tel.: 06544/6444). Radler können in Rauris ein Mountainbike mieten (Info Tel.: 06544/62370) und bis zum Tauernhaus 17 km und knapp 600 Hm (ein kurzer, scharfer Anstieg) in etwa 2 Std. radeln.
Anstieg ab dem Tauernhaus (1526 m) 6 km Distanz, 1050 Hm, 3½ Std. Gehzeit. Rückkehr in 2½ Std. Ab dem Parkplatz Seidlau insgesamt 28 km Distanz, 1500 Hm Anstieg und 9 bis 11 Std. Gehzeit.

Pilger auf dem bis zu zehnstündigen Weg nach Heiligenblut

„Asyl der Pilgrime über den Tauern, einsam in einem der ödesten Winkel der Salzburger Berge." – So beschrieb der Wiener Arzt und Naturforscher Joseph August Schultes 1804 das Rauriser Tauernhaus, nachdem er mit einer Gruppe junger Aristokraten den Großglockner bestiegen hatte und auf dem Weg über das Hochtor in ein schweres Gewitter geraten war. Er rühmte die Herzlichkeit der Wirtin, die in dem „reinlichen Stübchen Bier, Wein, Geflügel und Kuchen für äußerst billige Preise" auftischte, „besser als in jeder Stadt von Kärnten".

Der Handel über den Tauern

Tauernhäuser entstanden bereits im 14. Jh. an Punkten, von denen aus Pilger und Säumer in einem Tag Siedlungen in den südlichen Tauerntälern erreichen konnten. Die Erzbischöfe sahen das als Christenpflicht und statteten die Tauernwirte mit Provisionen an Getreide und Heu sowie mit dem Schankrecht aus. Dafür mussten sie mittellose Wanderer gratis verpflegen, Ortsunkundige auf den Tauern geleiten sowie alle 50 Meter 4 m hohe „Wegweisstangen" aufstellen, damit sich niemand bei Nebel oder im Winter in der „großen Wildniß bey der Säumerstrassen" verirre. Der Saumhandel über das Hochtor fand nämlich vorwiegend im Winter statt, weil er den Bauern nach eingebrachter Ernte ein willkommenes Zubrot verschaffte.
Die Bedeutung des Rauriser Tauernhauses ist daran abzuschätzen, dass Saumrosse am Ende des Mittelalters jährlich an die 900 Tonnen Güter über das Hochtor schleppten – vorwiegend Salz nach Süden und Wein nach Norden. Diesen regen Handelsverkehr über das Hochtor bezeugt auch der Hinweis in einem Dokument von 1662, dass neben dem Tauernhaus ein Stall stehe, in welchem etwa 40 Saumrosse unterkommen können.

Die Wallfahrt nach Heiligenblut

Der Saumhandel über das Hochtor erlosch im 18. Jh. langsam, nicht aber die Wallfahrt der Pinzgauer nach Heiligenblut, die im späten Mittelalter als Bittgang zum Schutz der Haustiere vor Bären, Wölfen und Luchsen entstand und jedes Jahr am 28. Juni, dem Vorabend von Peter und Paul, beginnt und am 29. Juni in Heiligenblut endet. Mittlerweile zieht sie bis zu 5000 Pilger – nicht nur aus dem Pinzgau – an. Traditionsgemäß wählen die Unterpinzgauer aus Taxenbach und Rauris den Pilgerweg durch das Seidlwinkltal und reihen sich an der Fuscher Wegscheide in den Pilgerstrom ein, der etwa fünf Stunden vorher in Ferleiten aufgebrochen ist. An der seit 1585 neben dem Rauriser Tauernhaus bestehenden Taurachkapelle erbitten sie vor dem Gnadenbild „Maria Schnee" den Segen für ihre Pilgerfahrt.
Der Rauriser Pilgerweg folgt uralten Spuren. Unter einem Wurzelstock auf der Maschlalm entdeckte ein Holzfäller 1874 ein 11 cm langes und 110 g schweres Goldstück – das Bruchstück eines keltischen Halsreifens, wie ihn Frauen 500 Jahre vor Christus trugen. Und am Hochtor kamen bei Grabungen noch Dutzende keltische und römische Münzen und Fibeln aus der Zeit zwischen dem 2. Jh. vor und dem 4. Jh. nach Christus zum Vorschein. Spärliche Überreste eines Römerweges entlang der Glockner-

Der Name von **Heiligenblut**, dem bekannten Wallfahrtsort am Fuß des Großglockners, geht auf eine Blutreliquienlegende zurück. Sie handelt von Briccius, dessen wertvollster Besitz ein Fläschchen mit dem Blut Christi war. Zum Schutz vor Räubern ließ er sich diese Reliquie in die eigene Wade einwachsen. Dieser Briccius befand sich um 914 auf der Rückreise von Konstantinopel und wurde hier, am Fuße des Großglockners, von einer Lawine verschüttet. Aus den Schneemassen, die ihn begraben hatten, sollen drei Ähren herausgewachsen sein, wodurch der Leichnam gefunden wurde. Als man ihn bestatten wollte, blieb das Bein mit dem Blut Christi nicht unter der Erde. So fand man schließlich die Reliquie, die heute im Sakramentshaus der gotischen Pfarrkirche aufbewahrt wird. Briccius zu Ehren steht eine Kapelle im Winkl, rund 2 km taleinwärts von Heiligenblut.

straße sind annähernd 2000 Jahre alt. Auf dem Hochtor stand wahrscheinlich – wie auf anderen Alpenpässen auch – eine bescheidene Kultstätte für den Halbgott Herkules, den die Römer als Schutzpatron auf einsamen und gefährlichen Bergwegen verehrten und dem sie nach geglücktem Aufstieg mit einem Obolus Dank abstatteten. Den Spuren der Römer folgten später die Säumer und Pilger. Sie errichteten auf der Passhöhe ein Kreuz, vor dem sie ebenfalls dankten und einen gefahrlosen Abstieg erbaten. Damit der Gekreuzigte im Winter nicht friere, wurde er stets bekleidet. Die Pfarrmatrikeln in Rauris berichten allerdings Jahr für Jahr von Menschen, die auf dem Weg über den Tauern erfroren sind.

Wegverlauf

Der Pilgerweg auf das Hochtor ist ein anspruchsvolles Unternehmen: Vom **Tauernhaus** (1526 m) auf dem Pilger- und Säumerweg parallel zur Seidlwinklache zur **Reintalerhütte** (1817 m), dann scharf bergan zur **Fuscher Wegscheide** (2415 m) und moderat weiter bis zum **Hochtor** (2576 m). Der Rückweg folgt dem Hinweg.

Variante Heiligenblut

Sie setzt eine Nächtigung in Heiligenblut voraus (Info Tourismusverband Heiligenblut Tel.: 04824/2001-21). Abstieg vom **Hochtor** südwärts auf der **Glocknerstraße** bis zur Linkskehre nach dem **Wallackhaus**, dort geradewegs auf dem markierten Weg Nr. 4

zum weithin sichtbaren **Kasereck** (Einkehr) und hinunter nach **Heiligenblut** (1288 m); 5 km Distanz, 1300 Hm, gut 2½ Stunden Gehzeit.
Rückkehr mit dem Postbus (Info Tel.: 0662/4660-330) zum Hochtor oder zur Haltestelle „Fuscher Wegscheid" und auf dem Hinweg zurück zum Rauriser Tauernhaus (Abstieg 2½ Stunden).

Das Hochtor, höchster Punkt der Wallfahrt nach Heiligenblut

Embach und Maria Elend, 1125 m

Durch die Kitzlochklamm zur Wallfahrtskapelle

Anfahrt/Ausgangspunkt: Taxenbach, auf der beschilderten schmalen Straße hinunter zur Salzach und zum Parkplatz vor der Kitzlochklamm.
Wegverlauf: Parkplatz Kitzlochklamm – Maria Elend – Salaterbauer – Embachrain – Parkplatz Kitzlochklamm.
Anforderung: 8 km Distanz, 400 Hm Anstieg, 3 Std. Gehzeit.

Die **Wallfahrtskirche Maria Elend** bei Embach geht auf das eingelöste Gelübde einer Taxenbacherin zurück. Sie war 1551 mit ihrer blinden 12-jährigen Tochter zur Beerensuche nach Embach hinaufgegangen und hatte das Mädchen im Wald verloren. Da versprach sie, dort eine Kapelle zu bauen, wo ihre Tochter unversehrt gefunden werde. Am dritten Tag wurde das Mädchen tatsächlich dort entdeckt, wo heute die Kapelle steht. Zudem hatte das Mädchen durch ein Wunder das Augenlicht erhalten. So wurde 1552 eine Kapelle errichtet und eine Pietà als Gnadenbild aufgestellt. Der Zulauf wuchs zeitweise auf bis zu 30.000 Wallfahrer jährlich an, weshalb die Kapelle bald durch eine Kirche ersetzt wurde. Doch 1783 ließ Fürsterzbischof Colloredo diese Kirche schleifen, weil ihm viele barocke Bräuche allzu irdisch er-

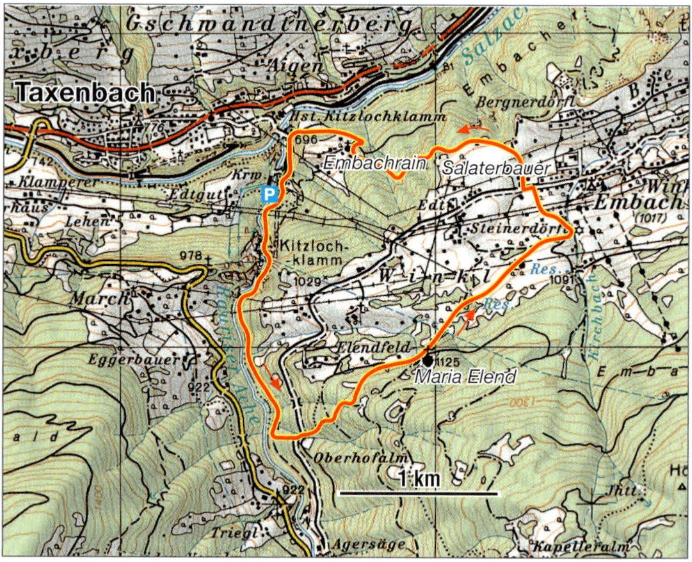

Eine Mutter ließ Maria Elend bauen, weil sie hier ihre verirrte Tochter nach tagelanger Suche wohlbehalten wiedergefunden hatte.

schienen. Allerdings wurde die Pietà geborgen und in Embach aufgestellt. 1842 wurde an der ursprünglichen Stelle wieder eine Kapelle gebaut, die jedoch längst nicht mehr den großen Zulauf von Wallfahrern hat.

Wegverlauf

Durch die **Kitzlochklamm**. Nach knapp 2 km gemäß einem Pfeil (Markierung Nr. 4) nach links (ostwärts) aus dem engen Graben hinauf, quer über die Landstraße und durch den Wald nach **Maria Elend**. Von dort weiter nach der Markierung Nr. 4 quer über das prächtige Embacher Hochplateau. Beim **Salaterbauer** abermals über die Landstraße und auf dem markierten Weg über **Embachrain** zurück zum Parkplatz Kitzlochklamm.

Die Kitzlochklamm

Die Rauriser Ache fräste (wie andere Bäche aus den Tauerntälern, z. B. in Großarl, Gastein oder Kaprun) durch einen Felsriegel quer zum Tal eine eindrucksvolle und bis zu 100 m tiefe Klamm, in die mehrere Bäche als Wasserfälle stürzen. Der Weg durch die Kitzlochklamm kann nach Hochwasser zeitweise wegen Sanierungsarbeiten gesperrt sein (Info Tel.: 06543/5219).

Drei-Waller-Kapelle, 1425 m

Hier fand eine Wallfahrt ein tragisches Ende

Anfahrt/Ausgangspunkt: Von Gigerach bei Lend südwärts in das Gasteiner Tal bis Dorfgastein, knapp vor dem Ort rechts über die Ache und die Bahn, nochmals scharf rechts (nordwärts) und ca. 1,5 km nach Unterberg (819 m).
Wegverlauf: Unterberg – Huberalm – Drei-Waller-Kapelle und zurück.
Anforderung: Insgesamt 10 km Distanz, 600 Hm Anstieg, Aufstieg gut 2 Std. Gehzeit, Rückkehr auf dem Hinweg in 1½ Std.

Als man die Klamm zwischen Lend und Dorfgastein noch für unpassierbar hielt, führte der Weg aus dem Salzach- in das Gasteiner Tal über jene Anhöhe, auf der die Drei-Waller-Kapelle steht. Hier übermannte einst drei Freunde übergroße Freude: Sie waren unter großen Gefahren in das Heilige Land gepilgert und gelangten erst im Winter in die Heimat zurück. Entkräftet standen sie nun auf dieser Anhöhe und erblickten ihre Heimat wieder. Da fielen sie einander vor Freude in die Arme – und in diesem Augenblick des höchsten Glücks standen die Herzen der „drei Waller" (= Wallfahrer) still.
Nach einer anderen Legende pilgerten im 8. Jh. drei fromme Männer über diese Anhöhe in das Gasteiner Tal, um den heiligen Primus zu besuchen. Sie brachten einen Bergschlegel, eine Pflugschar und eine christliche Bibel in das Land – die Grundlagen des

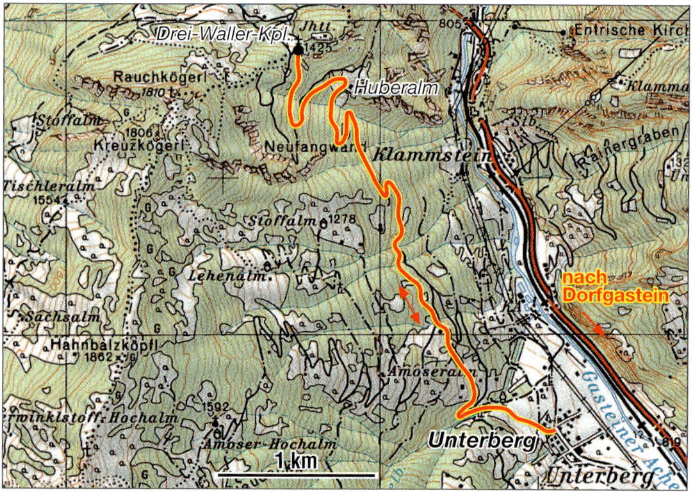

Auf dem Heimweg von Jerusalem brachen hier drei Wallfahrer tot zusammen.

späteren Wohlstandes in diesem Tal. Nach ihrem Tod wurden sie auf der Anhöhe nebeneinander bestattet und über ihren Gräbern drei Hütten errichtet. Daneben stand eine einfache Holzkapelle, die immer wieder erneuert wurde. Eine Kommission prüfte 1621 den Ort, fand Reste von drei Hütten, auch drei Gräber, aber keine Gebeine darin. Trotzdem kamen Pilger hierhin, um ihren Kopf auf ein Brett zu legen, damit sie ihre Kopfschmerzen loswürden.

Wegverlauf

Vom Dorfgasteiner Ortsteil **Unterberg** (819 m) nordwärts auf dem Güterweg über den Bernkogelbach, in mehreren Kehren bis zur **Huberalm** und auf einer markierten Abkürzung zum Ziel.

Eine Legende aus dem 6. Jh. erzählt, dass **der heilige Primus** um das Jahr 280 als römischer Legionär nach Adelholzen in Bayern kam, dort das Evangelium predigte, eine Heilquelle entdeckte und mit ihrem Wasser viele Menschen von ihren Gebrechen erlöste. Später ließ sich Primus als Einsiedler in Gastein nieder. Dort beobachtete er eines Morgens einen verletzten Hirsch, der durch das Bad in einer heißen Quelle genas. Damit nahm das Thermalbad in Gastein seinen segensreichen Anfang. Primus erlitt um das Jahr 300 mit seinem Bruder Felizian das Martyrium.

30

Pongau

Entrische Kirche, 1040 m

Wo sich Protestanten in einer Höhle trafen

Anfahrt/Ausgangspunkt: Von Gigerach bei Lend südwärts durch den Tunnel in das Gasteiner Tal bis zum Parkplatz zwischen Südportal des Tunnels und der Burg Klammstein (805 m).
Wegverlauf: Parkplatz – Höhle und zurück.
Anforderung: Insgesamt 2,5 km Distanz, 200 Hm Anstieg, 1 Std. Gehzeit. Für die rund einstündige Führung sind festes Schuhwerk und ein Anorak empfehlenswert.

Die **Entrische Kirche**, halbwegs zwischen Lend und Dorfgastein gelegen, scheint erstmals 1428 in einer Urkunde auf. Sie liegt 200 Hm über dem engen Talboden und ist die größte Naturhöhle in den Salzburger Zentralalpen. Wegen der Tropfsteingebilde in ihren Hallen steht sie unter Schutz und kann nur mit Höhlenführern besucht werden. Mit „entrisch" bezeichnet die Mundart etwas, das unheimlich ist und Angst oder Schwindel auslöst („Mir wird ganz entrisch"). Das Volk mied stets diese unheimliche Höhle, zumal sie ein Unterschlupf der Fledermäuse ist, die seit jeher als „entrisch" gelten. Ein Teil der Höhle heißt Fledermäuse-Dom. Auch die Dauertemperatur von 6° C macht die Höhle nicht gerade anheimelnd. Trotzdem oder gerade deshalb wurde sie in der Zeit der Gegenreformation der Ort, an dem die Geheimprotestanten ihre Gottesdienste feierten. Denn obgleich die Burg Klammstein – Sitz der politischen Verwaltung und des Gerichts – die Talenge beherrscht, boten die Wälder ringsum genügend Schleichwege und Schutz, um unerkannt dorthin zu gelangen.

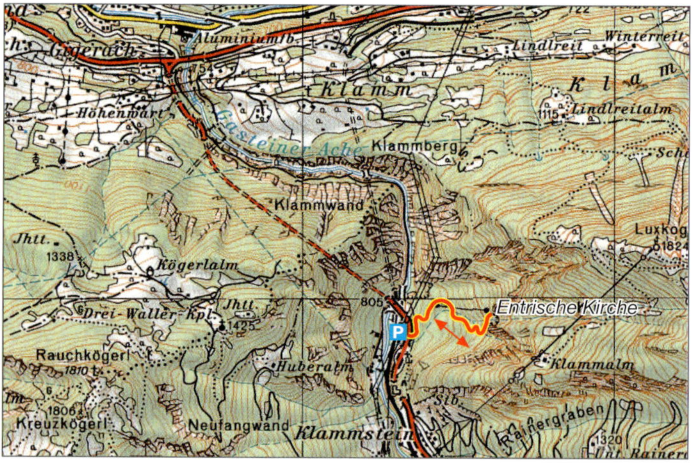

Die Gasteiner Protestanten

Einst Schlumpfwinkel der Protestanten, heute ökumenischer Treffpunkt

Bergbauzentren hatten stets regen Kontakt in das Ausland und das begünstigte naturgemäß die Verbreitung des Protestantismus. Der Goldbergbau im Gasteiner Tal galt vor allem im 17. Jh. als Hort der Ketzerei, der sogar prominente Gewerken (= Mitglieder der bergrechtlichen Gewerkschaft) anhingen. Die katholische Obrigkeit unterstellte den Gasteiner Protestanten systematische Täuschungsmanöver: Zwar nähmen sie brav an den Gottesdiensten teil, böten aber geheimen Predigern Unterschlupf, feierten in ihren Hinterzimmern heimlich Gottesdienste und brächten die verbotenen Schriften Luthers unter das Volk. Die Obrigkeit übte allerdings lange Nachsicht, weil sie den Bergbau nicht durch Verfolgung der qualifizierten Knappen gefährden wollte. Nach dem Versiegen des Goldsegens im 16. Jahrhundert ereilte allerdings auch die Gasteiner Protestanten 1731 die Vertreibung.

An diese Zeit und an die Versöhnung zwischen den großen christlichen Kirchen erinnert seit 1983 eine ökumenische Gedenkstätte tief in der „Entrischen Kirche“. Dort wird an jedem ersten Samstag im September ein ökumenischer Gottesdienst gefeiert. (Info über die Entrische Kirche, Führungen und die Öffnungszeiten unter Tel.: 0664/9861347.)

Wegverlauf

Der Anstieg verläuft vom Parkplatz auf einem klar bezeichneten Güterweg zur Höhle.

St. Veit, 764 m

Hühner als Weihegabe

Anfahrt/Ausgangspunkt: Auf der Bundesstraße bis zur Abzweigung von St. Johann nach Großarl und Wagrain, Abfahrt und geradeaus nach Halldorf.
Wegverlauf: Halldorf – Klingelberg – St. Veit und zurück.
Anforderung: Hin und zurück 7 km Distanz, insgesamt knapp 200 Hm Anstieg und 3 Std. Gehzeit.

Die Ansiedlung St. Veit auf der Pongauer Sonnenterrasse knapp 200 Hm über dem engen Salzachtal wird schon im 11. Jh. urkundlich erwähnt. Sie wurde 1074 Pfarre und erhielt um 1284 das Marktrecht. Mehrere Brände zerstörten zum Glück nicht den Charakter dieses alten Marktes: Auf einer Anhöhe steht beherrschend die vierschiffige gotische Kirche mit Krypta, die dem hl. Vitus geweiht ist. Davor fällt der sehenswerte, von alten Häusern gesäumte Marktplatz ostwärts ab.

Wegverlauf

Von **Halldorf** bei St. Johann auf dem Naglerweg südwärts bis zu einer Kapelle, dann nach der Markierung 17 gut 100 Hm hinauf zum Weiler **Klingelberg**. Westwärts vorbei an der Expositur der Landeskliniken geradewegs nach **St. Veit**. Wegen ihrer Höhenlage diente die Expositur früher als Lungenheilanstalt. Rückkehr auf dem Hinweg.

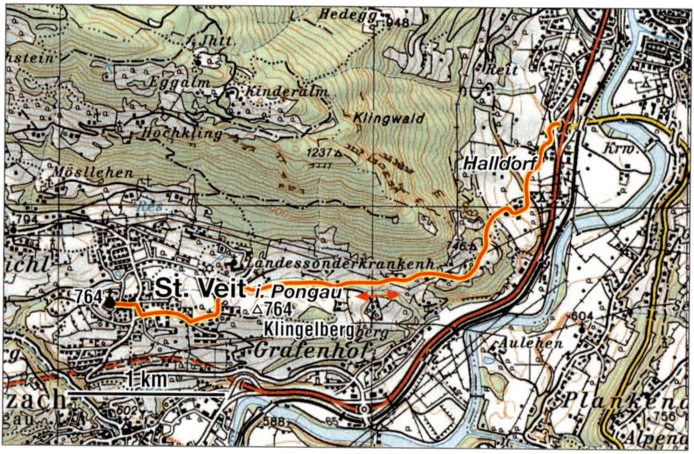

In der Kirche wurden dem **Nothelfer Vitus** (siehe S. 26) schwarze Hühner als Symbole des Teufels und der Dämonen geopfert. Zu diesem Zweck wurden sie hinter dem Hochaltar in einer Steige gehalten. Weil ihr Gegacker die Messfeier empfindlich störte, wurde dieser Brauch schließlich im 19. Jahrhundert unterbunden. Gleichwohl fragte noch vor sechzig Jahren eine Epileptikerin an, ob sie nicht dem heiligen Veit ein schwarzes Huhn opfern dürfe, um die Heilung von ihrem Leiden zu erwirken. Die einst unerklärlichen epileptischen und spastischen Erkrankungen nannte man früher auch **Veitstanz** und legte sie als Besessenheit durch den Teufel aus, die man mit Exorzismus zu bekämpfen versuchte.

Schloss Schernberg

Während der Wanderung westwärts über die Sonnenterrasse sticht Schloss Schernberg ins Auge. Seine Geschichte ist nicht zu trennen vom Namen des Kardinals Friedrich Fürst Schwarzenberg (1809–1885), des bedeutendsten Salzburger Erzbischofs seit der Säkularisation. Er erwarb 1845 Schloss Schernberg, um dort alte Menschen und Behinderte zu versorgen. In Schwarzach baute er das Missionshaus – einst Stützpunkt der Gegenreformation – zum ersten Spital südlich des Passes Lueg aus. In Schernberg wirkte übrigens auch eine unerschrockene Gegnerin Hitlers: Anna Berta Gräfin Königsegg, Provinzialoberin der Vinzentinerinnen. Sie widersetzte sich dem Abtransport Behinderter – im Nazijargon „lebensunwertes Leben" – zur Vergasung in Hartheim bei Linz derart massiv, dass sie mehrfach in Gestapohaft genommen und des Landes verwiesen wurde. Ihr gelang es tatsächlich, durch raffinierte Irreführung der Gestapo zahlreiche Kinder vor der Ermordung zu retten.

Die Kirche von St. Veit und rechts Schernberg – einst Schloss, heute Heim für Behinderte

Der Russenfriedhof in St. Johann

Makelloser Rasen auf Massengräbern

Anfahrt/Ausgangspunkt: Auf der Bundesstraße zwischen Bischofshofen und St. Johann, Parkmöglichkeit vor einer Steigung ca. 1 km südlich des Kraftwerks in der Bucht einer Hauszufahrt westseitig der Straße. Genau gegenüber zweigt ein gesperrter Fahrweg südostwärts zu einem Bahnübergang ab.
Wegverlauf: Parkplatz – Friedhof und zurück.
Anforderung: Rund 1,5 km Distanz, 30 Minuten Gehzeit.

Auf dem entlegenen und kaum beachteten Russenfriedhof in St. Johann ruhen fern der Heimat so viele Opfer des Zweiten Weltkriegs wie nirgendwo sonst in Salzburg: an die 4000 Kriegsgefangene. Von 1941 bis 1945 war das von den Nazis auf Markt Pongau umbenannte St. Johann die an Einwohnern zweitgrößte Gemeinde des Landes. Bis zu gleichzeitig 10.000 und insgesamt rund 25.000 Kriegsgefangene, vorwiegend Russen, vegetierten unter Aufsicht von rund tausend Soldaten in sechzig derart überfüllten Baracken, dass die bedauernswerten Häftlinge zeitweise sogar im Winter in ungeheizte Zelte gepfercht wurden. Nach Berichten von Augenzeugen mussten die Insassen häufig „Gras oder Würmer fressen“. Verheerende hygienische Verhältnisse und chronische Unterernährung lösten immer wieder Infektionen aus, deretwegen das Lager zeitweise hermetisch gegen die Zivilbevölkerung abgeriegelt wurde. Im Winter 1941/42 rafften Epidemien derart viele Gefangene dahin, dass die Toten auf dem Ortsfried-

Erinnern an ein düsteres Kapitel der Geschichte

hof nicht mehr Platz fanden. Sie und alle weiteren Opfer der Gefangenschaft wurden nordwestlich von St. Johann abseits jeder Siedlung in Massengräbern verscharrt. Insgesamt kosteten diese katastrophalen Zustände an die 4000 Menschen das Leben.

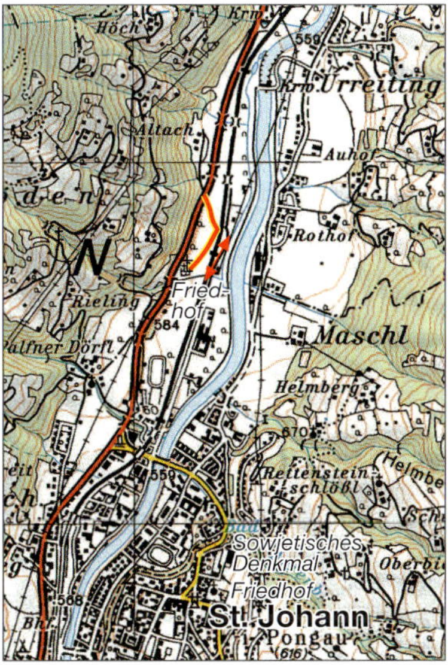

Wegverlauf

Unser Pilgerweg zum Russenfriedhof ist zwar kurz, doch lang genug für die beklemmende Einsicht, dass eine unwürdige Auseinandersetzung mit Grundbesitzern den Zugang nur nach jeder Mahd oder im Herbst ermöglicht. Nach dem Stand von Anfang 2007 war jedoch eine würdige Lösung in Aussicht gestellt (Info Tel.: 06412/8001-0). Vom Parkplatz überqueren wir die Bundesstraße, folgen dem gesperrten Fahrweg ca. 300 m weit bis an den Bahnschranken und wandern von dort südwestwärts entlang einem Zaun weglos über die Wiese zum Friedhof, in den wir durch das südseitige Tor gelangen.

Mahnmale in St. Johann

Leichter zugänglich sind im Zentrum von St. Johann drei Gedenkstätten, die an dieses düstere Kapitel der Geschichte erinnern. In der Nordostecke des Friedhofs, wenige Meter nordöstlich der Kirche steht ein Mahnmal für 167 sowjetische Kriegsgefangene. Sie waren die ersten Opfer der Haftbedingungen. Neben der Einsegnungshalle verweist eine Tafel auf jene französischen Gefangenen, die der Härte der Gefangenschaft erlagen. Zwischen dem Schwimmbad und der Bezirkshauptmannschaft ließ die Sowjetunion ein Denkmal zum Andenken an jene 3709 Männer errichten, die als Kriegsgefangene in St. Johann umgekommen sind.

Nicht vergessen sei allerdings auch, dass die Bürger von St. Johann den Behörden ständig Anlass zu Klagen, Drohungen und Strafen gaben, weil sie die auf Bauernhöfen und in Gewerbebetrieben eingesetzten Kriegsgefangenen gut behandelten. Deshalb wurde im Raum St. Johann nach Kriegsende 1945 auch kein Fall bekannt, dass Kriegsgefangene Racheakte verübt hätten.

Arlscharte, 2252 m

Hohe Hürde auf dem Weg nach Lussari bei Tarvis

Anfahrt/Ausgangspunkt: Über St. Johann im Pongau, Großarl und Hüttschlag nach Stockham (1040 m) im Talschluss.
Wegverlauf: Stockham – Schödertal – Schödersee – Kolmseen – Arlscharte.
Anforderung: Hin und zurück insgesamt 16 km Distanz, 1200 Hm Anstieg, 6 bis 7 Std. Gehzeit.

Der Übergang vom Großarler Talschluss nach Kärnten hat als historischer Pilgerweg für Protestanten und Katholiken kein Gegenstück in den Alpen. „Lutherische" aus dem Großarltal und Kärnten nutzten im 16. und 17. Jh. diesen abgelegenen und mühseligen Weg zum „Auslaufen" und zum Schmuggel lutherischer Bücher. Die siebentägige Pilgerfahrt von Großarl zum „Heiligen Berg der gnadenreichen Gottesmutter Maria Lussari" bei Tarvis setzte im 17. Jh. ein.

Lutherische Prädikanten

Allem Anschein nach brachten ausländische Bergknappen Luthers Lehren in das Großarltal. Eine Urkunde von 1521 dokumentiert erstmals den Bergbau auf Kupfer- und Schwefelerz in Hüttschlag. Bergbau, vor allem in abgelegenen Alpentälern, bedeutete Handel, also Kontakt zur Außenwelt, und begünstigte damit die Verbreitung des Protestantismus. Fest steht, dass lutherische Prädikanten (= Prediger) von Kärnten über die Arlscharte zur Missionierung des Großarltales wanderten. Und 1564 wurden zwei Großarlerinnen bestraft, weil sie zu einem evangelischen Gottesdienst nach Kremsbrücke bei Gmünd „ausgelaufen" waren.
Während der Gegenreformation stellten fürsterzbischöfliche Kommissionen fest, das Volk in Großarl sei religiös verwahrlost und häufig gegen die wenig gebildeten Pfarrer ob deren rüder Umfangsformen aufgebracht. Das erkläre u. a. den Zulauf zu den Prädikanten. Die Geschichte des Protestantismus im Großarltal endete 1731/32 mit der Ausweisung von 551 Menschen.

Die Männerwallfahrt nach Maria Lussari

Die einwöchige Männerwallfahrt der Großarler nach Maria Lussari bei Tarvis fand ab dem 17. Jh. jedes Jahr um Jakobi (25. Juli) statt. An dieser nicht von der Kirche organisierten Pilgerfahrt nahmen

Über die Arlscharte pilgerten Katholiken südwärts und Protestanten nordwärts.

auch Pongauer, Lungauer und Kärntner teil. Der Termin im Hochsommer verwehrte es aber den meisten Bauern, an der Wallfahrt teilzunehmen, weil sie ihren Hof nicht für eine Woche verlassen konnten. Deshalb beschränkte sich diese Wallfahrt auf „kleine Leute“, die am ersten Tag vom Großarler Talschluss nicht weniger als annähernd 32 km mit 1200 Hm Anstieg nach Gmünd zurücklegten. Dann folgten noch zwei Etappen von zusammen knapp 75 km und zuletzt nochmals ein Anstieg von gut 1000 Hm bis zum Ziel. Diese Pilgerfahrt wurde privat organisiert und erlosch nach dem Ersten Weltkrieg, weil Maria Lussari italienisches Ausland geworden war.

Wegverlauf

Von **Stockham** südwärts auf dem Weg Nr. 512 an einem See vorbei in das von senkrechten Felswänden eingeengte **Schödertal** und zu einem Naturwunder, dem periodischen **Schödersee**. Einer der vielen Bergstürze in diesem Tal verlegte dem Schöderbach den Weg. Nach Regenfällen staut dieser Riegel Wasser auf, das langsam unterirdisch abfließt und ein beträchtliches Stück talauswärts in mehreren Quellen wieder an die Oberfläche tritt. Bei anhaltendem Schönwetter verschwindet der periodische Schödersee ganz. Der Weiterweg verläuft über eine 300 m hohe Steilstufe parallel zum Kolmfall, vorbei an den **Kolmseen** zur **Arlscharte**, der Grenze zu Kärnten.

Münzfunde belegen, dass bereits die Römer diesen Weg über die Arlscharte gewählt und auf dem höchsten Punkt dem „Alpengott“ Herkules einen Obolus als Dankeschön für die gelungene Reise dargebracht haben. Der Rückweg erfolgte auf dem gleichen Weg.

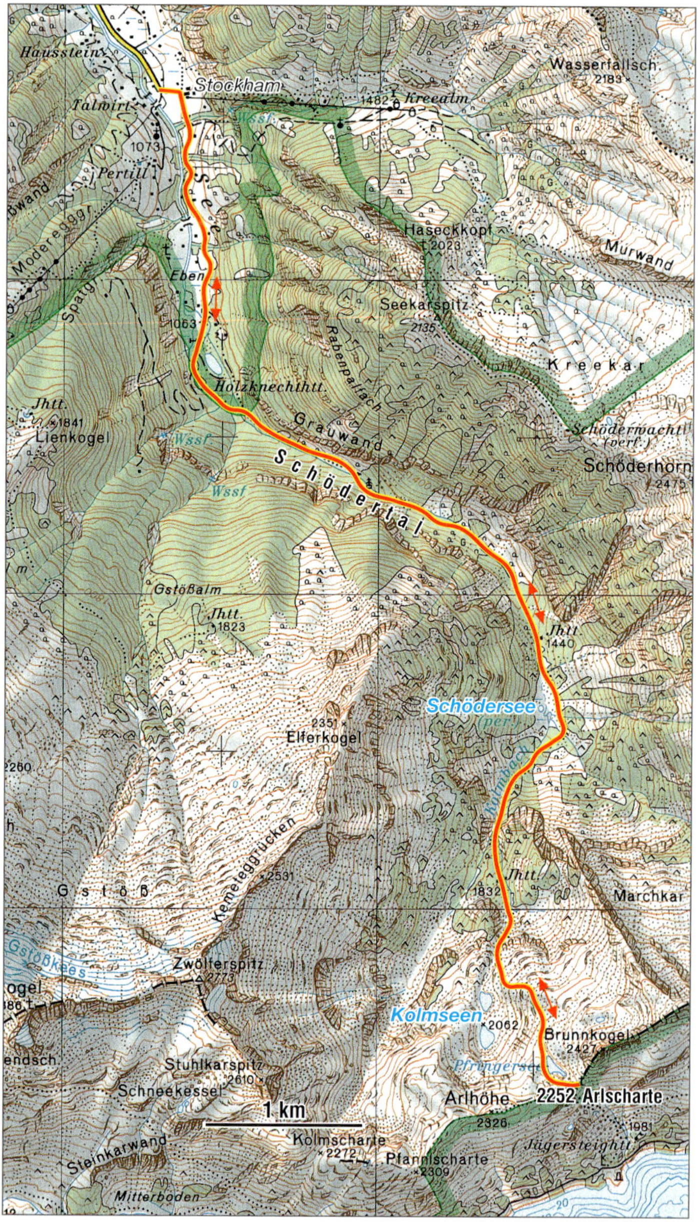

Hörndlwald und Buchberg, 1153 m

Einsame Kapelle im stillen Bergwald

Anfahrt/Ausgangspunkt: Vom Norden erst auf der Tauernautobahn und ab der Abzweigung Bischofshofen auf der Schnellstraße knapp 1 km südwärts, rechts abfahren und nach links über die Brücke (südostwärts) hinauf zu einem Parkplatz (750 m). Vom Süden aus Bischofshofen über die Salzach und auf der Buchbergstraße zum Parkplatz.
Wegverlauf: Parkplatz – Oberberg – Hörndlkapelle und zurück.
Anforderung: Insgesamt 7 km Distanz, 400 Hm Anstieg, 3 Std. Gehzeit.

Die Wallfahrtskapelle im Hörndlwald entstand um 1880, nachdem eine Bauernmagd aus Hüttau erklärt hatte, dass ihr die Gottesmutter an dieser Stelle erschienen sei. Obschon die Kirche dieses Wunder nicht bestätigt fand und die Magd manchen hysterisch erschien, wurde diese Holzkapelle errichtet, damit die Menschen nach dem Wunsch der Magd Einkehr halten können. Vor allem die Hüttauer pilgerten eifrig zu dieser Kultstätte. Bei gutem Wetter folgen auch heute noch zahlreiche Gläubige diesem Beispiel.

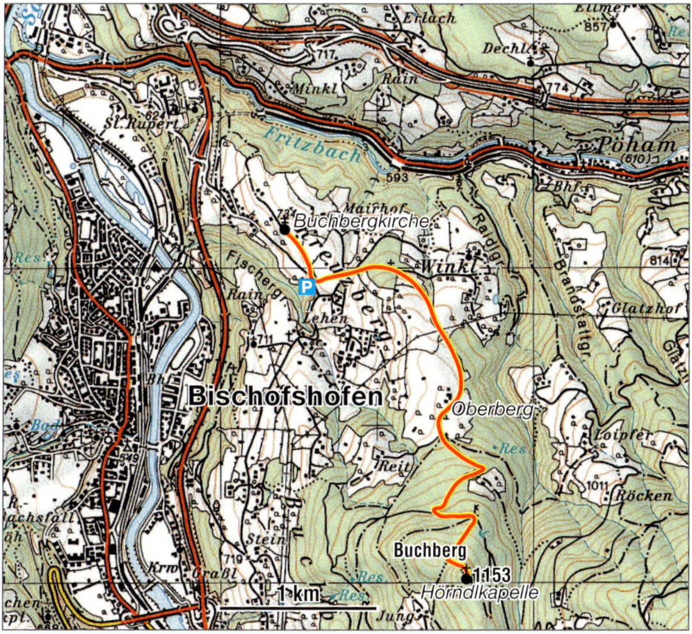

Buchberg – Landmarke auf freiem Hügel, dahinter das Tennengebirge

Wegverlauf

Ab dem Parkplatz, an dem drei Straßen zusammentreffen, nach der Markierung 17/19 ein kurzes Stück ostwärts über den Kreuzberg, dann südwärts leicht ansteigend zum prächtig gelegenen Gehöft **Oberberg** und auf dem Hummelweg durch den Wald zur **Kapelle**. Auf dem Rückweg lohnt noch ein Abstecher zur **Buchbergkirche** rund 500 m nördlich des Parkplatzes.

Die Buchbergkirche

Die Buchbergkirche steht frei auf dem Bergrücken vor eindrucksvoller Kulisse und ist einmal in jedem Monat Ziel von Pilgern aus Bischofshofen und dem Fritztal. Dieser Brauch wurzelt in den Opfergängen vor dem alljährlichen Landesrossmarkt, zu dem zwischen 1400 und 1820 jeweils bis zu tausend Pferde aufgetrieben und rings um die Kirche feilgeboten wurden.

Die Kirche ist den Heilwasser-Heiligen Primus und seinem Bruder Felizian geweiht (Namenstag 9. Juni). Das könnte mit einem Brunnenloch neben der Sakristei zusammenhängen. Die romanischen Mauern des Gotteshauses stammen ebenso aus der Zeit um 1300 wie die Fresken an der Außenseite. Sie zeigen die stillende Madonna, flankiert von den Kirchenpatronen, sowie die Nothelferinnen Katharina und Margaretha (dazu Seiten 24 und 25).

Werfenweng, 980 m

Ein verschollener Wunderstein

Anfahrt/Ausgangspunkt: Auf der Salzachtal-Bundesstraße bis zur Kreuzbergmaut, dann ostwärts in das Fritztal bis Pöham (610 m).
Wegverlauf: Pöham – Eulersberg – Werfenweng und zurück.
Anforderung: Hin- und Rückweg 12 km Distanz, knapp 400 Hm Anstieg, 4 Std. Gehzeit.

Der Ortsname Werfenweng bürgerte sich erst im 19. Jh. ein, um dieses „Weng" von vielen anderen gleichnamigen Orten zu unterscheiden. Weng tauchte erstmals im Jahr 1093 im historischen Niemandsland am Fuß des Tennengebirges auf und beschrieb nach mittelalterlicher Sprache eine Wiese in günstiger Hanglage.

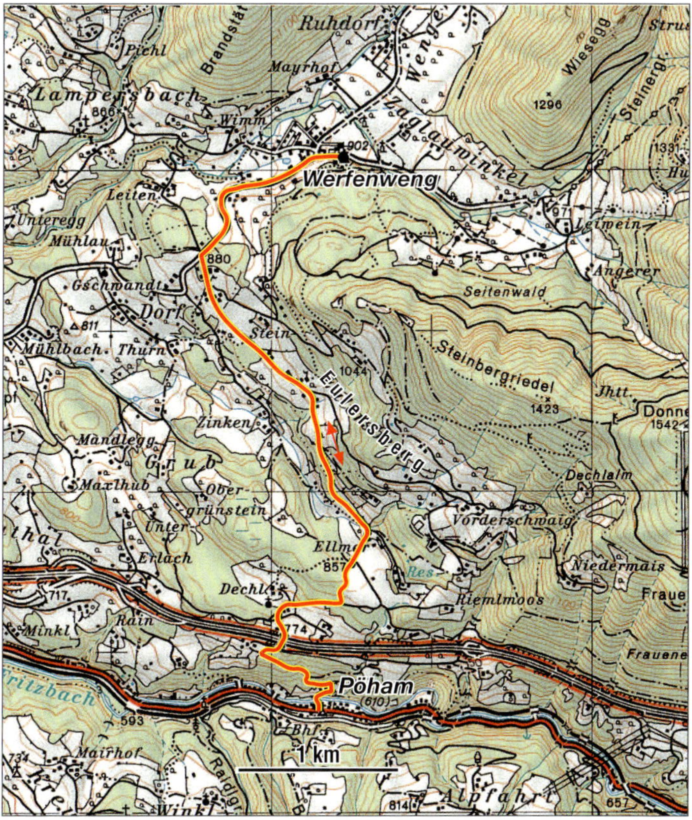

Die **Wallfahrtskirche zu Ehren Mariae Geburt** wurde 1509 an jener Stelle errichtet, die Maria nach der Legende selbst bezeichnet hat: Dort fiel nämlich ein großer Stein aus unerklärlichem Grund von einem Fuhrwerk. Dieser Wunderstein war lange in der Kirche zu besichtigen, verschwand aber vermutlich bei einer Renovierung in der ersten Hälfte des 18. Jh. Das Gnadenbild der Madonna mit dem Kind stammt aus dem 16. Jh. und zog derart viele Pilger an, dass die Kirche 1625 erweitert werden musste. Verbunden mit der Wallfahrt ist auch ein Brünnlein, dessen Wasser vor allem gegen Augenleiden helfen soll. Die Wallfahrt spielt heute nur mehr an den goldenen Samstagen im Oktober eine bescheidene Rolle. Unser Pilgerweg hält sich an jenen, auf dem vor allem im 17. Jh. die Gläubigen aus dem Fritztal nach Werfenweng gewandert sind.

Wegverlauf

In **Pöham** zweigt beim Dichtlwirt ein schmaler Güterweg nordwärts ab. Er führt über die Brücke, durch eine ostwärts ausholende Linkskurve westwärts bergan, unterquert die Autobahn und zieht dann nach rechts (ostwärts, Markierung Nr. 310) auf das Hochplateau **Eulersberg**. Am Ende dieser Streusiedlung nach rechts auf die Landstraße und noch 1 km bis zum Ziel.

Madonna von der Tanne Altenmarkt

Gotisches Gnadenbild von erlesener Qualität

Anfahrt/Ausgangspunkt: Über die Autobahn (Abfahrt Radstadt) zu einem der Parkplätze in Radstadt. Startpunkt ist der weite Platz im Stadtzentrum.
Wegverlauf: Radstadt – Altenmarkt – Felsergut – Radstadt.
Anforderung: Insgesamt 8 km Distanz, 2 Std. Gehzeit.

Altenmarkt ist alter Kulturboden an der Kreuzung der wichtigen Verkehrswege von Salzburg über den Radstädter Tauern und von Westösterreich in die Steiermark. Im letzten vorchristlichen Jahrhundert richteten die Römer hier an ihrer transalpinen Straße die Station „Ani" oder „Anisus" (daraus entstand der Flussname Enns) ein – zwischen „In Alpe" (Obertauern) und „Vocario" (Pfarrwerfen). Nach den Wirren der Völkerwanderung entstand im 9. Jh. die Siedlung „Rastat" als Mutterpfarre für den Bereich zwischen Forstau, Filzmoos, Hüttau, Kleinarl und Untertauern. Nach der Gründung von Radstadt Ende des 13. Jh. hieß der Ort erst Altenradstadt und später „älterer Markt", also Altenmarkt.
Die erste Kirche stammt aus dem 11. Jh., wurde um 1400 in die heutige Form gebracht und Unserer Lieben Frau Geburt geweiht. Um 1393 kam die berühmte **Altenmarkter Madonna** aus Prag hierher, versehen mit einem Ablassbrief. Er sprach jedem den Nachlass von Sündenstrafen zu, der in Altenmarkt vor ihrem

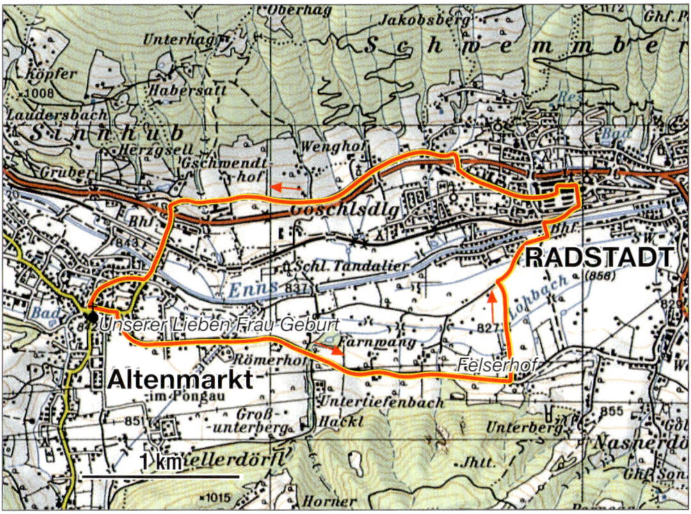

Altenmarkt ist Wallfahrt und zugleich Mutterpfarre des Ennspongaus.

Standbild betet. Damit blühte die Wallfahrt auf. Diese meisterhafte Statue stand anfangs auf einem Altar an einer Tanne neben der Kirche und wurde zumal in Zeiten der Pest als wundertätige „Madonna von der Tanne" verehrt; 1638 wurde sie in die Kirche übertragen und in jüngerer Zeit wegen ihrer künstlerischen Bedeutung durch eine Kopie ersetzt.

Die Geschichte von Radstadt

Radstadt wurde Ende des 13. Jh. als befestigter Stützpunkt gegen die Steiermark zur Stadt erhoben, seine Bürger genossen großzügig bemessene Freiheiten. Ab 1511 rückte es zu einem wichtigen Stapelplatz für den transalpinen Handel zwischen Salzburg und Venedig auf. Im Bauernkrieg 1525/26 widerstand Radstadt der Belagerung. Das kostete 45 Führer der aufständischen Bauern den Kopf, und die rund 5000 Belagerer mussten als Buße die schwer beschädigte Stadtmauer wieder in Stand setzen.
Eine architektonische Rarität ist die Pfarrkirche mit romanischem Langhaus und erhöhtem gotischen Chor – ähnlich der Franziskanerkirche in Salzburg. Im Friedhof sticht der „Schusterturm" ins

Auge, eine gotische Säule aus 1513 für das ewige Licht zum Schutz gegen Kriege, Gewitter und Seuchen. Gleich daneben steht die Kirche der Kapuziner, die ab 1628 die Gegenreformation im Ennspongau vorantrieben. Dem 1978 aufgelassenen Kloster ist heute der Kapuzinerturm als Teil des Heimatmuseums angeschlossen.

Auf dem Stadtplatz ehrt ein Denkmal den bedeutendsten Sohn der Stadt: Paul Hofhaymer (1459–1537), Hoforganist Kaiser Maximilians I., gefeiert als König der Organisten, dessen Kompositionen von Musikern heute noch so geschätzt werden wie die Blätter Dürers von Kunsthistorikern.

Wegverlauf

Von **Radstadt** westwärts auf der alten Landstraße, über die neue Bundesstraße und parallel zu ihr hinüber nach **Altenmarkt**. Rückweg ostwärts am Heimatmuseum vorbei auf der Römerstraße zum **Felsergut**. Dem Mitterfelserhof schaut das ehrwürdige Alter aus dem prachtvollen Eselsrückenportal von 1583. Wenige Meter daneben steht auf der anderen Straßenseite am Abhang ein unauffälliger grauer Getreidekasten, dessen Firstbaum die Jahreszahl 1703 und eine entzückende Bemalung trägt. Die herausragende Zimmermannsarbeit sucht seinesgleichen im ganzen Land Salzburg: Die Eckverbindungen der Balken (Schrot) sind in Form von Kirchen, Häusern, stufenartig gereihten Quadraten und anderen Figuren gearbeitet. Von hier nordwärts über das **Ennstal** nach **Radstadt** und durch das Metzgerloch etwa auf halber Länge der Stadtmauer zurück zum Stadtplatz.

Radstadt war vom 16. bis zum 18. Jh. ein florierender Stapelplatz im transalpinen Handel.

Das Jesuskind von Filzmoos, 1055 m

Ein Glöckchen klingelte im Wald

Anfahrt/Ausgangspunkt: Auf der Autobahn bis Eben, dann auf der Bundesstraße über Radstadt nach Mandling (815 m).
Wegverlauf: Mandling – Filzmoos und zurück.
Anforderung: Insgesamt 12 km Distanz, 300 Hm Anstieg, 4 Std. Gehzeit.

Seit Anfang des 16. Jh. besteht die Wallfahrt zum Jesuskind in Filzmoos. Nach der Legende hörten zwei Hirten um 1450 im Wald ein Glöcklein läuten. Sie gingen dem Klang nach und entdeckten an der Stelle der heutigen Ursprungskapelle wenige Schritte ostwärts der Kirche in der Ortsmitte auf einem Baumstrunk die 45 cm große Statue des Jesuskindes, das mit dem Glöckchen läutete. Da sanken sie ehrfürchtig in die Knie und eilten nach Altenmarkt, um dem Pfarrer von dieser wundersamen Begegnung zu berichten. Der Pfarrer ließ die Statue nach Altenmarkt bringen, doch in der Nacht darauf kehrte sie an ihren Platz in Filzmoos zurück. Man deutete dies als Fingerzeig Gottes, dass er den Bau einer Kirche in Filzmoos wünsche. Als sie 1474 gebaut wurde, übertrug man das Jesuskind von der Ursprungskapelle dorthin und wies ihm den Ehrenplatz auf dem Hochaltar zu.

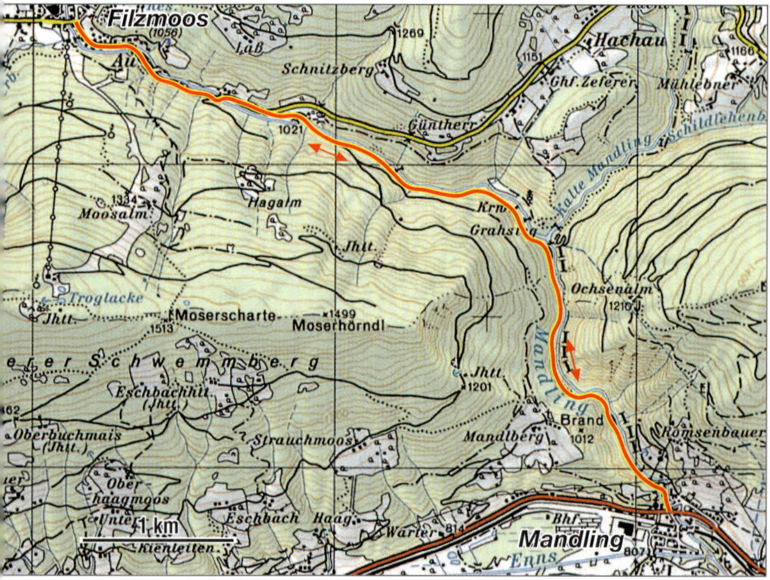

Mit einem Glöckchen erregte das Filzmooser Jesuskind Aufmerksamkeit.

Die Chronik berichtet schon 1507 von vielen Pilgern aus dem steirischen Ennstal, aus Forstau, Radstadt und dem Ennspongau. Sie erbaten vom Filzmooser Jesuskind eine gnädige Sterbestunde sowie Schutz vor Leiden. Von 1705 bis zur gravierenden Einschränkung der Wallfahrten in der Zeit der Aufklärung wurden mehr als 300 Gebetserhörungen aufgezeichnet. Mit der Aufklärung verlor die Wallfahrt ihre einst beträchtliche Bedeutung.

Wegverlauf

Von **Mandling**, dem einst befestigten Grenzpass zwischen dem Erzbistum Salzburg und dem Herzogtum Steiermark, auf dem Filzmoosweg nordwärts durch ein befestigtes Tor und einen kurzen Tunnel. Auf dem westlichen Ufer der Warmen Mandling, vorbei an einem Stausee, nach Filzmoos. Rückweg wie Hinweg.

Tauernfriedhof, 1739 m

Hoch gelegene Ruhestätte der Namenlosen

Anfahrt/Ausgangspunkt: Auf der Bundesstraße von Radstadt Richtung Radstädter Tauern bis zum Parkplatz zwischen der Gnadenbrücke und der Lawinengalerie (1272 m).
Wegverlauf: Gnadenbrücke – Hintergnadenalm – Johannesfall – Hotel Wisenegg – Tauernfriedhof.
Anforderung: Hinweg 9 km Distanz, 500 Hm Anstieg, 3 Std. Gehzeit, Rückweg 2½ Std. oder mit dem Bus (Fahrplaninfo Tel.: 0662/4660-330).

Trotz der Urbanisierung von Obertauern für den Wintertourismus bleibt der Tauernfriedhof das Wahrzeichen des Radstädter Tauern. Die ältesten auf diesem Friedhof der Namenlosen erkennbaren Grabstätten stammen aus den Jahren 1534 und 1545. Einige Anzeichen sprechen dafür, dass hier schon seit dem 12. Jh. viele namenlose Lawinenopfer ruhen. Irgendwo nebenan befand sich vor fast zwei Jahrtausenden die römische Raststation „In alpe". Hier konnten berittene Boten des Kaisers Pferde wechseln, näch-

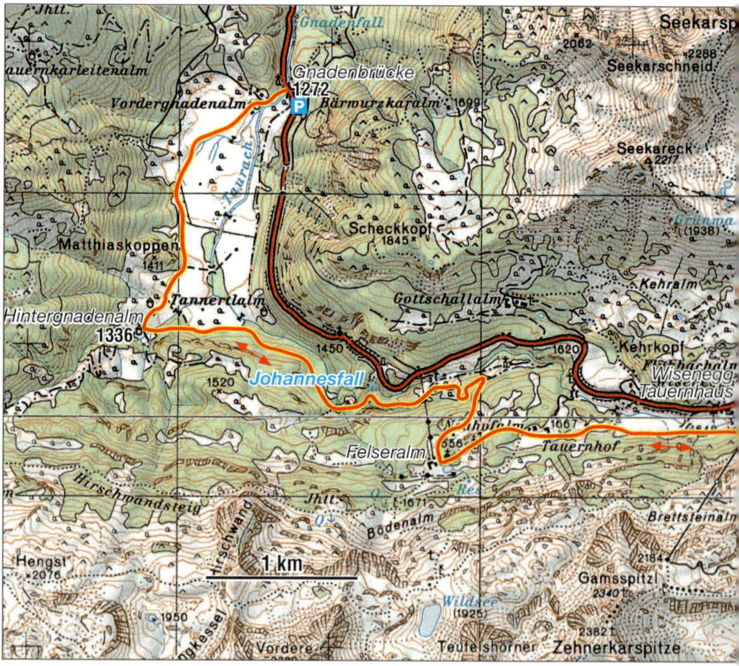

Friedhof vieler namenloser Wanderer auf dem Radstädter Tauern

tigen und Proviant fassen. Diese Reiter schafften damals je nach Dringlichkeit, Gelände und Anzahl der Pferdewechsel im Tagesdurchschnitt zwischen 75 und 200 Kilometer. Günstigstenfalls brauchte dann die Eilpost von Rom nach Salzburg (Juvavum) fünf Tage – auch nicht länger als heute.
Die Stürme der Völkerwanderung verwehten die zu Anfang des 3. Jh. ausgebaute Römerstraße. Doch den Spuren der Römer folgte ein Saumpfad, der um 1520 zu einem Fahrweg aufgebessert wurde. Zur Hochblüte des transalpinen Handels im 16. Jh. transportierten Saumpferde und Karren jährlich annähernd 3300 t Güter über diesen Pass: Südfrüchte, Wein, Glas, Gewürze und edle Stoffe nordwärts, Salz, Pelze, Holzwaren, Gold und Bernstein südwärts.

Wegverlauf

Vom Parkplatz bei der **Gnadenbrücke** auf dem Fahrweg (Markierung 28) südwärts durch den weiten Almboden zur **Hintergnadenalm**. Ostwärts auf dem markierten Weg Nr. 24 ½ Std. bergan, dann bietet sich ein kurzer Abstecher zum 130 m hohen **Johannesfall**, den Erzherzog Johann 1817 entdeckt und auf seine Kosten mit einem gesicherten Steig erschlossen hat. Weiter auf dem Weg Nr. 24 via Felseralm zum Hotel Wisenegg. Die letzten 1,5 Kilometer bis zum Tauernfriedhof legen wir auf der Bundesstraße zurück. Rückkehr zum Ausgangspunkt auf dem Hinweg oder mit dem Bus (Info Tel.: 0662/4660-330).

Tauernhaus Hotel Wisenegg

1562 wurde das Tauernhaus errichtet, als Unterkunft für Händler, Wanderer und Pilger zumal im Winter. Die Bedeutung dieser Station ist daran zu ermessen, dass schräg gegenüber von 1618 bis 1621 nach den Plänen des Salzburger Dombaumeisters Santino Solari die Tauernkirche zu Ehren des heiligen Petrus in Banden erbaut (und 1963 von Clemens Holzmeister erweitert) wurde. Gleich nebenan entstand 1721 das Haus für den Tauernvikar. Er las täglich die Messe, betreute die Tauernwirte und die Reisenden und geleitete die Opfer des Winters auf den Friedhof.
Als Kaiser Franz I. am 1. Oktober 1807 seine Durchreise im Wisenegg für ein Mittagsmahl zu unterbrechen geruhte, fragte er den Tauernvikar, wie es denn da heroben stehe. Dieser antwortete: „Schlecht, Majestät. Wie soll es einem gut gehen, wenn man nichts zu nagen und nichts zu beißen hat." Worauf Seine Majestät dem Geistlichen 50 Gulden zustecken ließ – den Preis für fünf Kühe.

Der Weg über den Radstädter Tauern

Der Radstädter Tauern ist heute jederzeit problemlos passierbar. Es fällt also schwer, sich in jene Zeit zurückzuversetzen, als der Weg über den Tauern im Winter regelmäßig wochenlang von Schneemassen blockiert war – und das bis zum Bau der Lawinengalerien in den 1960er Jahren. Gleichwohl überwanden Säumer mit ihren Pferden diesen Pass gerade im Winter, denn mit dem Säumen verdienten sich die Bauern einen Extra-Gulden. Sie verfügten allerdings schon über erstaunliche Erfahrungswerte in puncto Lawinengefahr.
In dieser Hinsicht aufschlussreich ist eine vergilbte Vorschrift vom 17. 1. 1839, die noch vor 40 Jahren an den Stubentüren der Postgasthöfe von Tweng und Untertauern hing und erstaunliche Angaben zur Lawinengefahr enthielt: Falls der Wegmacher das Überschreiten des Passes wegen Lawinengefahr für lebensgefährlich erklärt, ist der Weg „bei schwerer Ahndung" gesperrt. Diese Gefahr trete zumal nach Neuschnee bei „gelinder Witterung ein". Dann könne ein geringes Geräusch „durch Lufterschütterung verheerende Lawinen" auslösen. Fußgänger werden ausdrücklich davor gewarnt, allein den Pass zu überqueren oder aber bei strenger Kälte der Müdigkeit nachzugeben und sich hinzusetzen.

St. Leonhard bei Tamsweg

Wallfahrt zum Patron der Haustiere

Anfahrt/Ausgangspunkt: Parkplatz zwischen der Brücke über die Mur und der Haltestelle St. Leonhard.
Wegverlauf: Tamsweg – Kreuzweg – St. Leonhard – Augustinkapelle – Judendorf – Mörtelsdorf – Tamsweg.
Anforderung: 4 km Distanz, 100 Hm Anstieg, 1½ Std. Gehzeit.

Den Standort der Wallfahrtskirche St. Leonhard auf dem Tamsweger Hügel südwestlich des Ortes bestimmte der Heilige selbst: Seine an der Rückseite verkohlte Statue stand auf einem Altar der Kirche in Tamsweg. Eines Nachts im Jahr 1421 verschwand sie

St. Leonhard am Abhang des Schwarzerbergs bei Tamsweg

Der heilige Leonhard lebte im 6. Jh. als Einsiedler bei Limoges. Weil er der Königin bei einer schwierigen Geburt beistand, schenkte ihm der König Land, auf dem Leonhard das Benediktinerkloster Noblac errichtete und als dessen erster Abt wirkte. Besonders kümmerte er sich um Strafgefangene und erreichte für viele von ihnen die vorzeitige Freilassung. Deshalb wird er mit Ketten dargestellt. Seine Verehrung machte ihn bereits im 11. Jh. zu einem der populärsten Heiligen. Damals wurden aber die Ketten in seiner Hand als Viehketten gedeutet. Damit stieg er zum Viehheiligen auf. Seine Bedeutung für die Landwirtschaft ist an einem Satz abzulesen, der noch heute gelegentlich die Runde macht: *„Bei Viech is da Herrgott glei* (= nur) *a Heita* (= Hascher) *gegn an Leandl* (= Leonhard).“ Das erklärt auch, warum 1613 aus der großen Menge von geopferten eisernen Tieren, Figuren, Hufeisen und Stallketten eine Kette rings um die Kirche zur Abwehr von Dämonen geschmiedet wurde. Unter den Votivgaben des 17. Jh. scheinen sogar ein Pferd und ein Stier auf. Sie sollten dem kümmerlich dotierten Wallfahrtspriester das Leben erleichtern. St. Leonhard hat noch immer – zumal am Namenstag des Heiligen am 6. November – beträchtlichen Zulauf von Gläubigen.

und wurde auf dem Hügel außerhalb des Marktes gefunden – auf einem Wacholderstock zwischen zwei Lärchen. Man brachte sie zurück in die Pfarrkirche und verpackte sie in einer Truhe. Dennoch entschwand der Leonhard noch zweimal auf den Hügel. Also wurde die Truhe von einem Schmied mit Metallgurten und

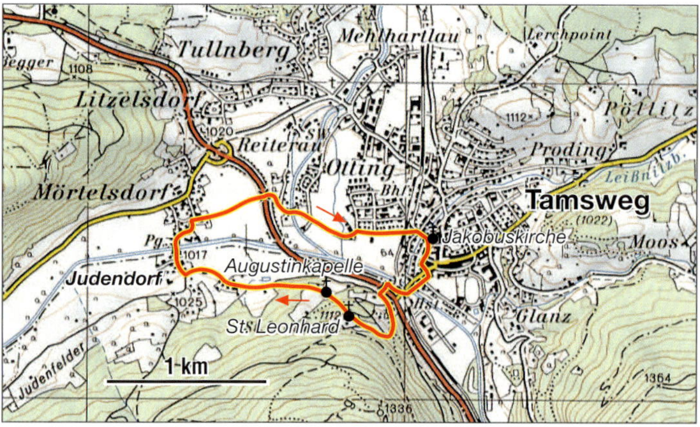

Das Wasser aus dem Bründl neben St. Leonhard soll Augenleiden lindern.

Schlössern gesichert und zudem versiegelt. Abermals entwich der Heilige. Endlich werteten die Tamsweger dies als Wunsch des Heiligen, dass man ihm auf dem Hügel eine Kirche baue. Das geschah von 1430 bis 1433. Bei diesem Bau halfen auf wundersame Weise zwei Ochsen mit. Sie trotteten jeden Morgen aus dem Ochsenloch – einem verfallenen Stollen nahe der Kirche – und zogen sich abends spurlos wieder zurück. Die Statue des Heiligen steht heute noch als Gnadenbild im rechten Seitenaltar der Wallfahrtskirche – einem der bedeutendsten gotischen Sakralbauten in den Ostalpen.

Wegverlauf

Von der Jakobuskirche in **Tamsweg** zur Murbrücke, jenseits auf dem alten, steilen und von Kreuzwegkapellchen gesäumten Wallfahrtsweg zur **Kirche St. Leonhard**. Rückweg von der Kirche westwärts, vorbei an der schon im 17. Jh. entstandenen **Augustinkapelle** – das Wasser aus dem Brünnlein nebenan hilft angeblich gegen Augenleiden – durch den Wald hinunter nach **Judendorf**, über die Mur nach **Mörtelsdorf** und von dort ostwärts mit der Leonhardkirche im Blickfeld unter der Bundesstraße hindurch direkt zurück nach **Tamsweg**.

Der Friedhof von Lessach

Der Tod hobelt alle gleich

Anfahrt/Ausgangspunkt: Über Tamsweg gut 2 km nordwärts durch Wölting (hervorragendes Ensemble bodenständiger Lungauer Höfe!) bis zu einem Wehr an der Lessach (Parkmöglichkeit).
Wegverlauf: Parkplatz – Ruine Turnschall – Lessach – Zoitzach – Parkplatz.
Anforderung: 6 km Distanz, 200 Hm Anstieg, 2 Std. Gehzeit.

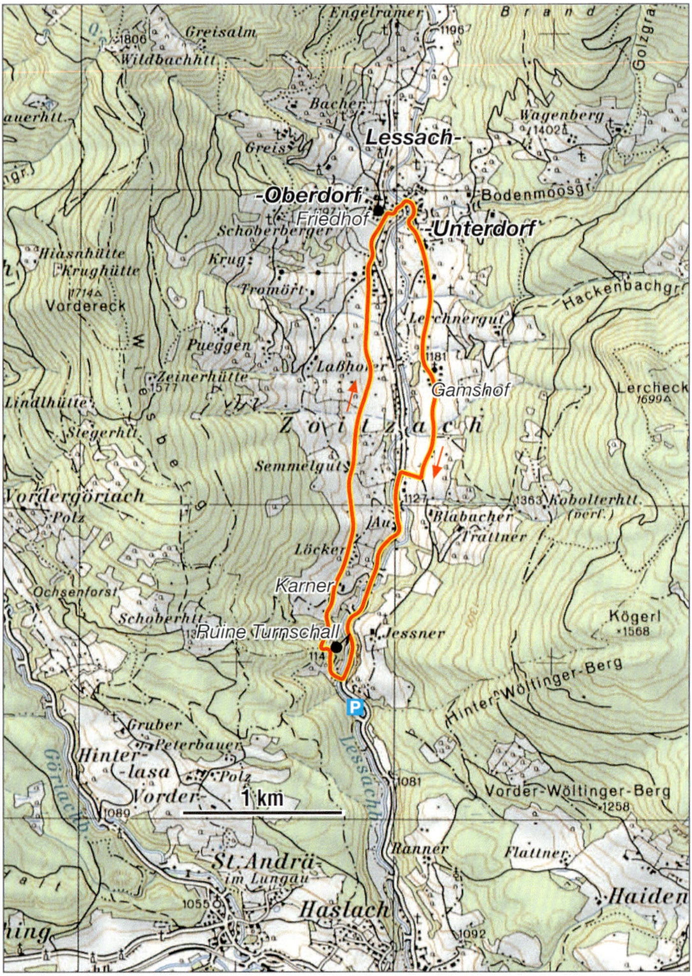

Der Friedhof von Lessach ist eine Rarität, die lediglich in Süditalien ein Gegenstück hat: Alle Gräber sind gleich. Ein einheitliches silbriges Muster schmückt die Einfassung aus schwarzen Brettern („Sarchen") und einfache schmiedeeiserne Kreuze verzeichnen die Namen der Toten. Sogar der sehenswerte Gräberschmuck um Allerseelen ist gleich. Die Botschaft ist überdeutlich: Der Tod unterscheidet nicht nach Rang und Stand. Das erinnert an Ferdinand Raimunds Zaubermärchen „Der Verschwender": „Das Schicksal setzt den Hobel an und hobelt alles gleich." Dieses Lied bildet sozusagen die Grundmelodie dieses stillen, privaten Pilgerwegs.
An der Nordostecke der Kirche führt eine abgesperrte Stiege hinunter in ein Beinhaus, in dem die Überreste jener Toten ruhen, die auf dem (vor seiner Erweiterung in jüngster Zeit) kleinen Friedhof Platz für die Nachgeborenen machen mussten.

Wegverlauf

Vom Wehr 400 m auf der Straße taleinwärts, beim Wegweiser „Turnschall" nach links bergan zur **Ruine Turnschall**. Weiter durch das **Gehöft Karner** hinein nach Lessach und zum Friedhof. Im Ort sind noch etliche prächtige Höfe erhalten geblieben – so auch der Gamshof, den wir durch das Unterdorf und dann südwärts auf der östlichen Talseite erreichen. Von dort nach rund 700 m scharf nach rechts hinunter nach **Zoitzach** und auf der Straße talauswärts bis zum Ausgangspunkt.

Die Sage vom Turnschallweibl

Auf dem Weg nach Lessach kommen wir auch an der Ruine Turnschall vorbei. In diesem Gemäuer soll nachts immer noch das Turnschallweibl wimmern, eine verwunschene Rittersfrau. Mit einem schwarzen Hund hütet sie schwere Geldtruhen, die jenem zufallen, der ihr in das unterirdische Gewölbe folgt und damit auch ihren Zauber löst. Doch das unheimliche Wimmern hat bisher selbst dem Tapfersten Angst und Bange eingejagt.

Abstecher zum Friedhof der unschuldigen Kinder in St. Gertrauden

Nach dem Pilgern zum Lessacher Friedhof lohnt noch ein Abstecher zum landesweit einzigartigen Friedhof der unschuldigen Kinder in St. Gertrauden bei Mauterndorf. Einst durften nur Getaufte in geweihter Erde bestattet werden. Deshalb bestand außerhalb

Die Mahnung des Lessacher Friedhofs: Im Tod sind alle gleich.

der Friedhofsmauern ein Platz für Neugeborene, die vor der Taufe gestorben sind. Man nahm nämlich an, dass diese „unschuldigen Kinder“ zwar nicht in den Himmel, doch an einen Ort kämen, an dem sie glücklich sind. Die Grabstätten für diese Kinder befinden sich in St. Gertrauden links vor dem Eingang des Friedhofs in einem ummauerten Geviert.

Heilige Nonnen in der Sonnenuhr

Die Sonnenuhr am Kirchturm von St. Gertrauden zeigt rechts die heilige Gertraud von Nivelles (626–659). An ihrem Äbtissinenstab krabbeln Mäuse, auf die unten schon eine Katze wartet. Gertraud gilt als Beschützerin von Haus und Hof vor Mäuseplagen und als Vorbotin des Frühlings (Namenstag 17. März). Links ist die heilige Mystikerin Mechthild (1241–1299) zu sehen. Das Buch in ihrer linken Hand verweist auf hohe Bildung, die Lilie in der anderen Hand auf das Gelübde der Keuschheit.

Bienenwallfahrt Göriach

Warum der heilige Ambrosius Patron der Imker ist

Anfahrt/Ausgangspunkt: Von Tamsweg oder von Mauterndorf zur Kirche von St. Andrä im Lungau.
Wegverlauf: St. Andrä – Göriach/Wassering – Gasthaus Lacknerhof – Ambrosiuskapelle – Wassering – Vordergöriach – Hinterlasa – St. Andrä.
Anforderung: Hin und zurück 9 km Distanz, 250 Hm Anstieg, 3 Std. Gehzeit.

Eine 2004 in Göriach zu Ehren des heiligen Ambrosius geweihte Kapelle ist der einzige Imker-Wallfahrtsort in Österreich. Die Legende erzählt, warum der heilige Ambrosius Patron der Imker ist.

Ambrosius (um 339–397) wurde als Säugling von einem Bienenschwarm überfallen, doch nicht gestochen. Das deutete seine Familie als untrügliches Zeichen für eine großartige Laufbahn. Geboren um 339 in Trier als Sohn eines hohen Staatsbeamten, zog er mit seiner Familie nach dem frühen Tod seines Vaters nach Rom, widmete sich klassischen und juristischen Studien, wählte eine politische Laufbahn und wurde zum Konsul von Mailand ernannt.
Als der Bischof von Mailand starb und ein erbitterter Streit um die Nachfolge entbrannte, forderte das Volk den redegewandten und beliebten Ambrosius als Oberhirten, der allerdings erst noch getauft werden musste, ehe er 374 die Bischofsweihe empfangen konnte. Daraufhin verschenkte er sein beträchtliches Vermögen und lebte fortan in strenger Askese. Seinen hohen Rang in der Kirche gewann er, weil er den Grundsatz durchsetzte, dass der Kaiser innerhalb der Kirche, nicht über der Kirche steht. Trotzdem wählten ihn drei Kaiser zu ihrem Berater. Auf ihn geht die Bezeichnung „Messe“ für die Eucharistiefeier und die Einführung des Kirchengesangs zurück.
Ambrosius zählt mit Augustinus, Hieronymus und Papst Gregor zu den vier großen Kirchenlehrern. Er ist Patron der Imker, Bienen und Wachszieher und wird als Bischof mit einem Bienenkorb dargestellt, dem Symbol für Fleiß und Gelehrsamkeit.

Wegverlauf

Unser Pilgerweg zweigt 600 m taleinwärts von **St. Andrä** nach Nordwesten ab (Markierung A 7), steigt durch den Fernwald leicht an und mündet in die Straße Mariapfarr–Göriach. Nun 600 m hinunter nach **Göriach/Wassering** und geradeaus weiter zum **Gasthaus Lacknerhof**. Dort beginnt der ca. 400 m lange Bienenlehrweg, der an der **Ambrosiuskapelle** vorbeiführt.
Der Rückweg führt nach **Wassering**, über die Brücke hinauf nach **Vordergöriach**, geradewegs talauswärts (Markierung G 2) nach **Hinterlasa** und auf der Straße hinunter zum Ausgangspunkt.

Der Bienenlehrweg

Er gibt einen guten Einblick in das Leben der sprichwörtlich fleißigen Bienen. Die Königin lebt ca. fünf Jahre, die 200 bis 300 Drohnen eines Bienenstaates bringen es auf etwa drei Monate und die bis zu 50.000 Arbeitsbienen leben bis zu fünf Monate. Sie unternehmen pro Tag 40 Ausflüge zu je 10 Minuten und besuchen dabei zusammen rund 4000 Blüten. Für ein Kilo Honig sind 150.000 Sammelflüge zu 1,5 Mio. Blüten und eine Flugstrecke von 280.000 km erforderlich.

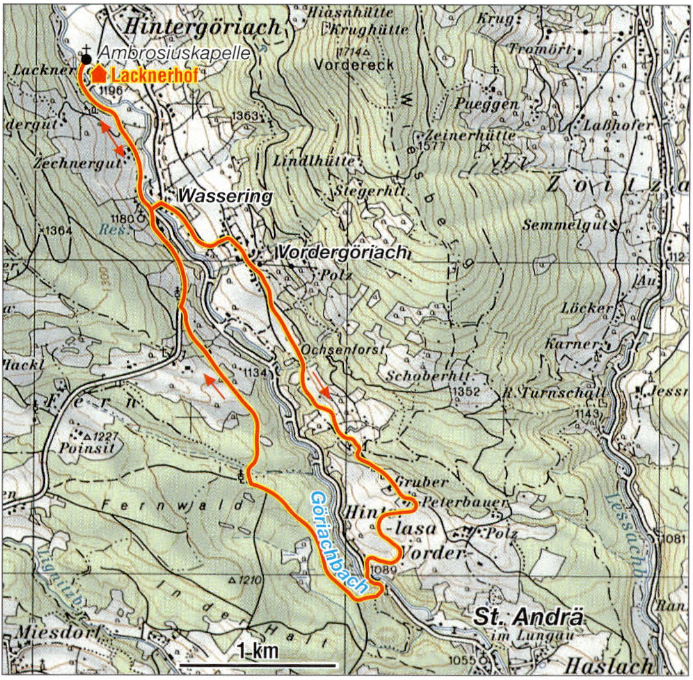

Mariapfarr

Hier dichtete Josef Mohr „Stille Nacht"

Anfahrt/Ausgangspunkt: Von Tamsweg oder Mauterndorf nach St. Andrä im Lungau (Parkplatz neben der Kirche).
Wegverlauf: St. Andrä – Gutrath – Mariapfarr.
Anforderung: Hin und zurück 10 km Distanz, 100 Hm Anstieg, 3 Std. Gehzeit. Im Sommer verkehrt an Wochenenden und Feiertagen die Murtalbahn (Info Tel.: 03532/2233), die eine ebenso kurzweilige und nostalgische Rückkehr nach St. Andrä und in das Zeitalter der Dampfloks bietet.

Erstmals scheint 923 in Dokumenten eine Kirche in der Lungauer Mutterpfarre auf. Ab den 16. Jh. sind Wallfahrten aus dem ganzen Lungau und der angrenzenden Steiermark zum Gnadenbild der thronenden Madonna in Mariapfarr belegt, ehe dieser religiöse Brauch der Aufklärung zum Opfer fiel. In jüngerer Zeit bürgerten sich jedoch wieder Wallfahrten am 8. Dezember ein. Dieses Fest

Mariapfarr – Mutterpfarre des Lungaus und sonnenreichster Ort Österreichs

der unbefleckten Empfängnis Marias hält den Glaubenssatz wach, dass Maria als künftige Muttergottes ohne Erbsünde empfangen wurde, d. h. ohne die Fähigkeit zum Bösen.
Die Pfarrkirche ist ein Juwel der Gotik und birgt in der 1421 angebauten Georgskapelle rechts vorne ein Fresko, das die fürchterliche Marter des heiligen Georg ungemein drastisch vor Augen führt (siehe Bild Seite 13).
Lohnend ist auch ein Besuch des Wallfahrtsmuseums im außergewöhnlich großen Pfarrhof, in dem früher mehrere Hilfspriester zur Betreuung der verschiedenen Kirchengemeinden (z. B. Unternberg, St. Andrä oder Weißpriach) lebten. Zu ihnen zählte auch Josef Mohr, der in Mariapfarr „Stille Nacht“ dichtete. Ihm ist ein Teil des Museums gewidmet.

Wegverlauf

Den uralten Wallfahrtsweg von **St. Andrä** nach Mariapfarr säumen Bildstöcke mit den 15 Gesätzchen des Rosenkranzes (dazu Seite 16). Dieser Pilgerweg wurde allerdings zu einer Straße ausgebaut, weshalb wir in St. Andrä beim Andlwirt (westwärts) den verkehrsfreien Taurachweg parallel zur Murtalbahn einschlagen.
Nach knapp 2 km lohnt ein kurzer Abstecher in das Dorf **Lintsching**, das den unverwechselbaren Charakter der Lungauer Bauernhöfe und Keuschen bewahrte. „Keusche“ stammt vom althochdeutschen „husa“ (Haus), wandelte sich in Slowenien zu „Kuscha“ und kehrte als „Keusche“ in den Lungau zurück.
Nach gut 4 km wird **Gutrath** erreicht. Dort schwenkt der Pilgerweg 200 m vor der Eisenbahnbrücke nach rechts (nordwärts) ab und führt über einen Hügel direkt in das Marktzentrum von Mariapfarr. Rückweg auf dem Hinweg oder mit der Murtalbahn.

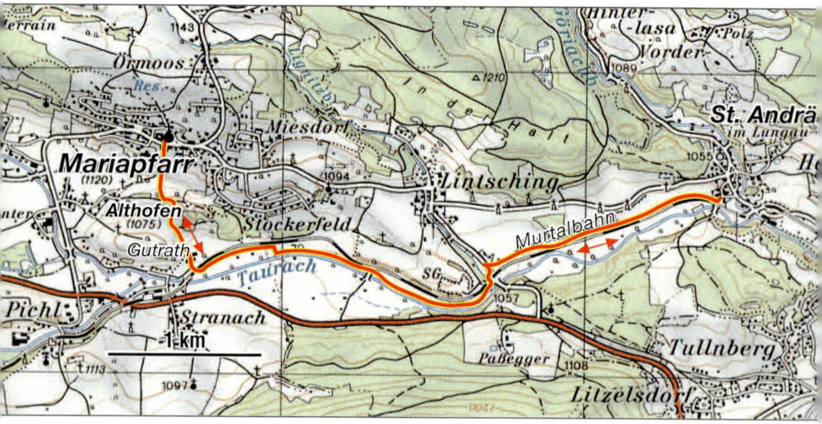

Prangstangen in Muhr

Die Rettung vor einer Heuschreckenplage

Anfahrt/Ausgangspunkt: Von St. Michael im Lungau über Schellgaden nach Hemerach im Murtal (Parkmöglichkeit). Startpunkt ist das Aignergut.
Wegverlauf: Hemerach/Aignergut – Muhr und zurück.
Anforderung: Hin und zurück 8 km Distanz und 2 Std. Gehzeit.

Im Sommer präsentieren sich die bescheidenen Dorfkirchen in Muhr und Zederhaus in unvergleichlicher Pracht mit bis zu 85 kg schweren, mit Blütengewinden geschmückten Prangstangen, die bis an die Decken der Kirchen reichen.

Ein rares Votiv für den Schutz gegen Heuschreckenplagen

An den **„Prangtagen“** (von festlichem „Gepränge“) begleiten die Gläubigen diese Prangstangen in feierlicher Prozession zur Kirche. In Zederhaus findet dies am Johannistag, dem 24. Juni, statt und in Muhr am Peter-und-Pauls-Tag, dem 29. Juni. Die Prangstangen bleiben in den Kirchen bis zum Hohen Frauentag, dem 15. August, stehen. An diesem Festtag wird das vertrocknete „Prangstangenkräutlach“ auf alle Häuser zum rituellen Räuchern in den Raunächten um Weihnachten verteilt.

Die „Weiberleut“ einer Großfamilie flechten im Juni eine Woche lang aus 40.000 bis 50.000 Blüten kunstvolle Girlanden, die dann ein extra dafür ausgewähltes „Mannsbild“ in möglichst eigenwilligem Muster um die Prangstangen wickelt und fixiert. Damit dieser Brauch erhalten bleiben kann, gestattet das Salzburger Naturschutzgesetz den Muhrern und Zederhausern ausdrücklich das Pflücken geschützter Blumen für die Prangstangen.

Die Sage schreibt diesen Brauch einem Gelöbnis zu, als vor Jahrhunderten Heuschreckenschwärme diese beiden kargen Täler kahl fraßen.

Wegverlauf

Vom ansehnlichen Aignergut (Erbhof seit 1543, lesenswerte Infotafel vor dem Haus) am Südufer der Mur auf dem beschilderten „Arnoweg“ 4 km weit nach Muhr. Rückkehr auf dem Hinweg.

Variante: Besuch in Rotgülden (6 km taleinwärts von Muhr) und einstündiger Anstieg zum Rotgüldensee auf einem Lehrweg. Schautafeln erläutern den einst in diesem Winkel sehr bedeutenden Abbau von Arsen, das Venedig zur Herstellung des berühmten Muranoglases brauchte.

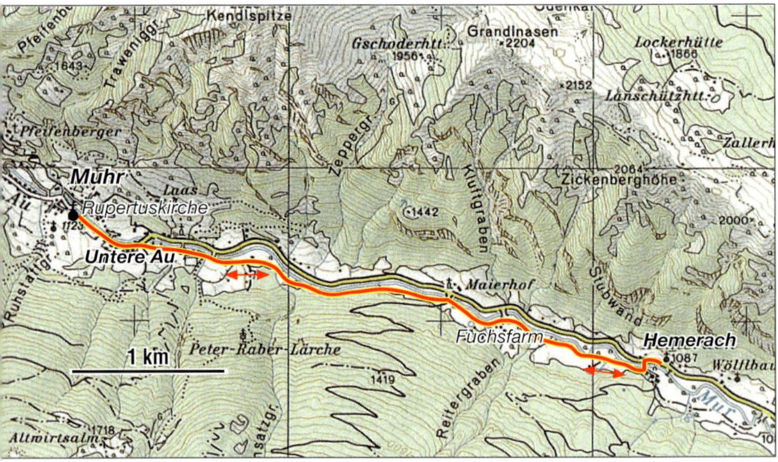

Jakobsweg 4 St. Michael / Tamsweg

Einkehr bei fünf populären Volksheiligen

Anfahrt: Nach Tamsweg, von dort mit dem Bus nach St. Michael (Fahrplaninfo Tel.: 06474/2213-0), von dort zu Fuß über Thomatal zurück zur Jakobuskirche in Tamsweg.
Wegverlauf: St. Michael – St. Martin – St. Margarethen – Pichlern – Thomatal – Madling – Tamsweg.
Anforderung: 25 km Distanz, 150 Hm Anstieg, 5½ bis 6½ Std. Gehzeit.

Der **heilige Erzengel Michael** zählt zu den „Wurmheiligen“, weil er den Teufel in Gestalt eines Drachen getötet hat und stets in dieser Rolle dargestellt wird. Er wacht am Eingang des Paradieses und gewährt nur jenen Seelen Einlass, die der Prüfung auf seiner Seelenwaage standhalten. In der Kirche von St. Michael verdient ein Fresko aus dem 17. Jh. über dem Südportal Aufmerksamkeit. Es stellt die Höllenqualen für die sieben Hauptsünden dar (nicht zu verwechseln mit den Todsünden, den absichtlichen und schweren Verstößen gegen Gottes Gebote). Beispielsweise droht für die „verfluechte Unzucht“, dass Teufel den Übeltäter der Länge nach mit einer Säge entzwei schneiden.

Wegverlauf

Dieser Pilgerweg beginnt in der Pfarrkirche von **St. Michael**. Von der Kirche ostwärts auf der alten Landstraße zur Kirche von **St. Martin**, in deren Turm der Gedenkstein für zwei „Urlungauer“ eingelassen ist: eine Frau mit der charakteristischen keltischen Haube und ein Mann in römischer Toga.

> Der **heilige Martin** kam 316 in Ungarn zur Welt, diente als römischer Soldat in Gallien, verließ mit 18 die Armee, ließ sich taufen, gründete in Gallien ein Kloster, missionierte bis an die Donau und starb 397 als Bischof von Tours. Seine Popularität verdankt er der Legende, dass er in voller Rüstung des Weges ritt, auf einen frierenden Bettler traf, aus Nächstenliebe sein Schwert zog, seinen Mantel entzwei schnitt und eine Hälfte dem Bettler reichte. Er wird auch mit einer Gans dargestellt, weil sie ihn verriet, als er der Bischofswürde in einem Versteck entgehen wollte.

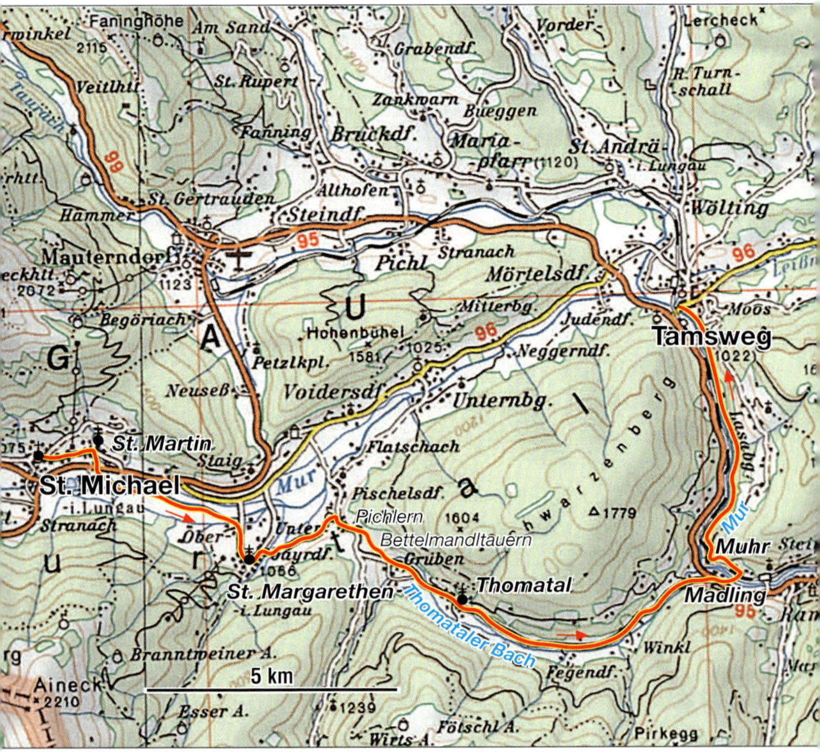

Die Jakobuskirche von Tamsweg und die Wallfahrtskirche St. Leonhard

Von **St. Martin** südwärts, unter der Bundesstraße hindurch, über die Murbrücke und nach links auf dem Mur-Radweg zur Nothelferkirche in **St. Margarethen** (dazu Seite 19). Ostwärts über **Pichlern** zum „Bettlmandltauern" (Übergang für die armen Bauern in der Einöde) und hinunter nach **Thomatal** zur Kirche des heiligen Nothelfers Georg (dazu Seite 23).

Valentin Pfeifenberger zum Andenken

Auf dem Platz vor der Kirche fällt die Plastik eines Eselsreiters auf. Sie stellt den ungemein populären Pfarrer Valentin Pfeifenberger (geboren 1914 in Zederhaus, verstorben nach 65 Priesterjahren 2004) dar. Er hat den barocken Brauch wiederbelebt, am Palmsonntag – zur Erinnerung an Jesu Einzug in Jerusalem – einer Prozession durch das Dorf zur Kirche auf einem Esel voranzureiten. Pfeifenberger aktivierte auch wieder den Thomataler Georgiritt. Durch die Mechanisierung der Landwirtschaft hatten nämlich Traktoren die Pferde verdrängt, daher schlief dieser bäuerliche Brauch ein. Mittlerweile findet aber die Pferdezucht eine neue Aufgabe in der wachsenden Zahl von Reitervereinen, weshalb auch Georgiritte eine neue Blüte erleben.

Weiterer Weg

Weiter ostwärts auf der Landstraße. Nach 1,5 km fällt an einer Holzbrücke die Statue des Brückenheiligen Johannes von Nepomuk auf, der in die Moldau gestürzt wurde, weil er dem böhmischen König die Beichte der Königin nicht verriet. Auf der Inschrift darunter holpert zwar das Versmaß, aber der Reim stimmt und der Sinn passt vorzüglich: „Heiliger Johannes von Nepomuk / Beschütze diese Bruck / Und alle die gehen des Weges hin und zruck."
Nach weiteren 4 km erreichen wir in **Madling** die Bundesstraße, gehen nach rechts um die Werkstofffabrik, überqueren die Mur und die Murtalbahn und folgen nun dem neuen Rad- und Wanderweg parallel zur Mur flussaufwärts nach **Tamsweg** zur Jakobuskirche.

Die Jakobuskirche in Tamsweg

Auf der Sonnenuhr an der Kirche erkennt man den Heiligen an Pilgerstab, Tasche und Muschel. Als Patron der Pilger und Reisenden spielte er offenkundig eine wichtige Rolle für Tamsweg, einem bedeutenden Markt im regen Handelsverkehr zwischen Salzburg und der Steiermark. Die lateinische Inschrift an der Sonnenuhr verweist darauf, dass der fürchterliche Großbrand von 1742 die Kirche nicht erfasste: „Diesen rechtschaffenen Einwohnern (Tamswegs) hat Gott den Jakobus (die Kirche) gerettet." Die Großbuchstaben in Rot sind zugleich lateinische Ziffern (U = V) und ergeben in Summe die Jahreszahl 1742.
Den Namenstag des heiligen Jakobus (25. Juli) feiern die Tamsweger mit dem Umzug des Samson, einem 8 m hohen und 80 kg schweren Riesen, den ein Mann trägt. Ihn begleiten zwei Zwerge, die als Mann und Frau die Sonne und den Mond darstellen, also Wachstum und Gedeihen symbolisieren.

Lungauer Samsonumzüge

Dieser Brauch wird erstmals 1635 in Chroniken genannt. Die Umzüge der elf Lungauer Samsonfiguren sind ein Relikt aus der Barockzeit, als Heilige und Figuren aus der Bibel bei Prozessionen mitgeführt wurden. Sie gehörten genauso zur Glaubenslehre für die überwiegend analphabetische Bevölkerung wie Kreuzwege, Freskenzyklen oder mittelalterliche Glasfenster. Die Aufklärung freilich verbannte dieses „Gemenge von Religion und Possenspiel" als Aberglauben aus der Liturgie. Das störte die Tamsweger nicht, sie setzten einfach die Samsonumzüge an mehreren Festtagen als Volksfest fort. Außer im Lungau gibt es nur je zwei solcher Riesenfiguren in der benachbarten Steiermark und in Nordspanien.

Maria Hollenstein

Maria badete und wickelte hier das Jesuskind

Anfahrt/Ausgangspunkt: Von Tamsweg durch das Murtal nach Ramingstein.
Wegverlauf: Ramingstein – Bräuwirt – Dörfl/Kendlbruck – Mühlbachtal – Wallfahrtskirche.
Anforderung: Hin- und Rückweg zusammen 9 km Distanz, 150 Hm Anstieg und 2½ Std. Gehzeit.

Die Marienwallfahrt Hollenstein bei Kendlbruck im Lungau taucht erstmals 1714 in einem Bericht an den Fürsterzbischof von Salzburg auf. Das Dokument beschreibt ein „Hüttl, darin ein Frauenbild" und daneben einen niedrigeren Felsen mit zwei flachen Kuhlen, daher „Hollenstein" (= „hohler Stein") genannt. Einfache Leute, so der Bericht, behaupteten „ohne Grund", es hätten hier „Unsere Liebe Frau und das Kindl solche Sitze eingedruckt". Der Legende nach hat Maria ihr Kind hier mit jenem Wasser gewaschen, das unter dem Stein aus einer Quelle fließt. Der Bericht

Maria Hollenstein in der Einschicht des Kendlbrucker Grabens

vermerkt zudem, dass sich Leute mit Augenleiden in der Hoffnung auf Heilung mit diesem Wasser benetzen.
1746 wurde die Wallfahrtskirche gebaut und auf dem Hochaltar das Gnadenbild aufgestellt, das auf einigen Votivtafeln jedoch seitenverkehrt abgebildet ist. Maria Hollenstein zog vor allem Pilger aus der angrenzenden Steiermark an. Heute lebt die Wallfahrt von Ostern bis Allerheiligen in Form einer Lichterprozession am Abend eines jeden 13. Monatstages als Fatimafeier fort.

Wegverlauf

Start in der Kirche von **Ramingstein**, die im 14. Jh. zu Ehren des heiligen Nothelfers Achatius (dazu Seite 19) errichtet und nach einer Brandkatastrophe von 1890 bis 1894 wieder aufgebaut wurde. Gegenüber dem Bräuwirt über die Mur, flussabwärts auf dem Mur-Radweg bis **Dörfl/Kendlbruck**, über die Mur und die Bundesstraße und auf der beschilderten Straße knapp einen Kilometer weit in das **Mühlbachtal** zur **Wallfahrtskirche**. Rückweg auf dem Hinweg.

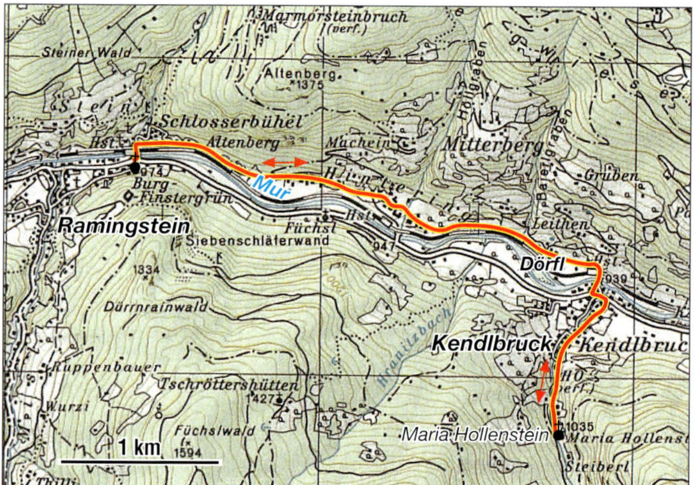

Ortsverzeichnis

Ainring 57, 58, 59, 60
Almdorf 96, 97
Altenmarkt 131, 132, 133
Anif 67, 69
Arlscharte 124, 125
Arnsdorf 51, 52

Bad Dürrnberg 82, 83
Bayerisch Gmain 61, 62
Berchtesgaden 63, 66
Bischofshofen 127
Buchberg 127, 128

Dorfgastein 116, 117
Drei-Waller-Kapelle 116, 117

Ebenau 70, 71, 72, 77
Embach 114, 115
Entrische Kirche (bei Dorfgastein) 118, 119

Faistenau 73, 74, 77
Falkenstein 41, 42, 43
Feldkirchen 57, 58, 59, 60
Filzmoos 134, 135
Fürberg 57, 59, 60

Gasteg 96, 97
Georgenberg 84, 85, 86
Glas 69
Glasenbach 70, 71
Gois 73
Golling 84, 85, 86, 87
Göming 51, 52
Göriach 145, 146
Grödig 67, 69
Großgmain 61, 62
Grünau 57, 58, 59

Halldorf 120, 121
Hallein 80, 81, 82, 83
Haslach 73

Heidnische Kirche (Kaprun) 106, 107, 108
Heiligenblut 111, 112
Hemerach 149, 150
Hochfilzen 93
Hochtor 109, 112, 113

Irrsdorf 45, 46, 47

Johannishögl 57, 58, 59
Judendorf 139, 140, 141

Kaprun 106, 107, 108
Kärlingerhaus 98
Kesselfall 106, 107, 108
Kitzlochklamm 114, 115
Klammstein 118, 119
Kolomansberg 38, 39
Königssee 98
Koppl 77, 78
Krimml 100, 101, 102
Kuchl 84, 85, 86

Laufen 54, 55, 56
Lend 116, 117, 118, 119
Lessach 142, 143
Lofer 89, 93

Madling 151, 154
Mandling 134, 135
Maria Alm 96, 97, 98
Maria Brunneck 87, 88
Maria Bühel 54, 55, 56
Maria Elend 114, 115
Maria Ettenberg 63, 64, 65, 66
Maria Gern 63, 64, 66
Maria Hollenstein 155, 156
Maria Kirchenthal 89, 90, 91, 93
Maria Plain 34, 35
Mariapfarr 147, 148

Markkirchl 103, 104
Marktschellenberg 63, 66
Mattsee 48, 49, 50
Michaelbeuern 48, 49, 50
Mooserboden 108
Mörtelsdorf 139, 140, 141
Muhr 149, 150

Niederalm 67, 69

Oberndorf 51, 52, 54, 55, 56
Oberplainfeld 77, 78
Obertrum 77, 78

Pabing 94, 95
Palfen 94, 95
Pass Lueg 87
Pöham 129, 130
Predigstuhl (Abtswald) 82, 83

Radstadt 131, 132, 133, 136
Radstädter Tauern 136, 137, 138
Ramingstein 155, 156
Rauriser Tauernhaus 109, 112
Reit 89, 93
Riemannhaus 98
Römersattel 93
Rutzing 77, 78

Saalfelden 94, 96, 98
Salzachgeier, Östl. 105
Salzachklamm 87, 88
Schloss Lichtenberg 94, 95
Schloss Schernberg 121
Schödertal 124, 125
Schwaighofen 77, 78
Schwaitl 70, 71, 72
Seekirchen 77, 78
Söllheim 36, 37
Sommerholz 45, 46
St. Andrä/Lg. 145, 146, 147
St. Bartholomä 98
St. Gertrauden 144
St. Gilgen 41, 42, 43
St. Jakob/Thurn 73, 74, 77
St. Johann/Pg. 122, 123
St. Leonhard/Lg. 139, 140, 141
St. Margarethen/Lg. 151, 153
St. Martin 151, 153
St. Martin/Lofer 89
St. Michael/Lg. 149, 151, 152, 153
St. Nikolaus 84, 85, 86
St. Veit / Pg. 116, 117
St. Wolfgang 41, 42, 43
Stockham 124, 125
Strubklamm 76

Tamsweg 139, 140, 141, 151, 154
Taxenbach 114, 115
Thalgauberg 38, 39
Thomatal 151, 153
Turnschall 144

Ulrichshögl 57, 60
Unken 89, 90, 93
Unzing 77, 78

Vigaun 84, 85

Wald im Oberpinzgau 100, 101, 102, 103
Werfenweng 129, 130

Zederhaus 149, 150
Zell am See 106
Ziegelhaiden 51, 52

Alle Angaben in diesem Führer wurden sorgfältig recherchiert (Stand Oktober 2006) und erfolgten nach bestem Wissen des Autors. Sollten Sie trotzdem Unstimmigkeiten entdecken, nehmen Autor und Verlag gerne Verbesserungsvorschläge und Korrekturhinweise entgegen (buchverlag@tyrolia.at). Soweit bekannt, finden Sie allfällige Aktualisierungen und Korrekturen unter www.tyrolia.at
Die Benutzung dieses Führers geschieht auf eigenes Risiko.
Eine Haftung für etwaige Unfälle und Schäden wird aus keinem Rechtsgrund übernommen.

Mitglied der Verlagsgruppe „engagement“

Bibliografische Information Der Deutschen Nationalbibliothek
Die Deutsche Nationalbibliothek verzeichnet diese Publikation in der Deutschen Nationalbibliografie; detaillierte bibliografische Daten sind im Internet über http://dnb.d-nb.de abrufbar.

2007

Umschlaggestaltung: Tyrolia-Verlag, Innsbruck, unter Verwendung eines Bildes der SalzburgerLand Bilddatenbank
Titelbild: Auer Kirche bei Lofer
Bildnachweis: SalzburgerLand Bilddatenbank – SalzburgerLand Tourismus GmbH, A-5300 Hallwang: Titelbild, Seite 9, 32, 33, 42, 97, 149
Abb. S. 39 aus Otto Wimmer: Kennzeichen und Attribute der Heiligen, Tyrolia 2000
C. Bliem: Seite 103
R. Erlmoser: Seite 119
Tourismusverband Radstadt: Seite 133
Tourismusverband Dorfgastein: Seite 117
Alle anderen Abbildungen stammen vom Autor.
Layout und digitale Gestaltung: Studio HM, Hall in Tirol
Karten: Abdruck der historischen Vorsatzkarte mit freundlicher Genehmigung des Landesarchivs Salzburg; Kartenausschnitte © BEV-2007, vervielfältigt mit freundlicher Genehmigung des **B**undesamtes für **E**ich- und **V**ermessungswesen in Wien, BEV-Nr: 2007/00412.
Routeneintragungen: Rolle-Kartografie, D-Holzkirchen, nach Vorlagen des Autors.
Lithografie: Athesia-Laserpoint, Innsbruck
Druck und Bindung: Finidr s. r. o., Český Těšín, CZ
ISBN 978-3-7022-2815-6
E-Mail: buchverlag@tyrolia.at
Internet: www.tyrolia.at

Frauenneuharting
Straußdorf
Schalldorf
Rettenbach
Attel
Evenhausen
Frabertsham
Kienberg
Trostberg
Obing
Altenmarkt
Palling
Aßling
Griesstätt
Amerang
Pittenhart
Klosterseeon
Niederseeon
Stein a.d.Traun
TRAUNREUT
Tengling
Taching a.See
Waging a.See
Hochstätt
Vogtareuth
Halfing
Truchtlaching
Seebruck
Traunwalchen
Beyharting
Söchtenau
Bad Endorf
Eggstätt
Kammer
Großkarolinenfeld
Langbürgner See
Chiemsee
Chieming
TRAUNSTEIN
Prutting
Hirnsberg
Rimsting
Breitbrunn a.Chiemsee
Fraueninsel
Frauenchiemsee
Herrenchiemsee
Erlstätt
Bad Aibling
ROSENHEIM
Simssee
Prien a.Chiemsee
Stephanskirchen
Grabenstätt
Vachendorf
Neukirchen am Teisenberg
KOLBERMOOR
Riedering
Söllhuben
Übersee
Lauterbach
Bernau a.Chiemsee
Siegsdorf
Bergen
Rohrdorf
Frasdorf
Rottau
Grassau
Kirchdorf a.Inn
Neubeuern
Hohenaschau i.Chiemgau
Kampenwand
Zinnkopf
Ruhpolding
Großholzhausen
Brannenburg
Hochries
Grassauer H.
Hochplatte
Marquartstein
Hochgern
Hochfelln
Degerndorf am Inn
Nußdorf a.Inn
Münchner H.
Unterwössen
Brand
Rauschberg
Wendelstein
Spitzstein
Sachrang
Geigelstein
Schleching
Tiroler Achen
Oberwössen
Chiemgauer Alpen
Bayrischzell
Rotwand
Erl
Niederndorf
Kössen
Reit i.Winkl
Sonntagshorn
Steinpass
Unken
Oberaudorf
Brünnstein
Walchsee
Hütte
Winkelmoosalm
Durchholzen
Schwendt
Haus Schönblick
Steinplatte
Kiefersfelden
Ebbs
Zahmer Kaiser
Pyramidensp.
Unterberghorn
Fellhorn
Ursprungpaß
Landl
Anton-Karg-H.
Stripsenjochh.
Lofer
Thiersee
KUFSTEIN
Kaindlhütte
Wilder Kaiser
Ellmauer Halt
Kirchdorf in Tirol
Erpfendorf
Waidring
Strub
Paß Strub
Treffauer
Gruttenhtt.
Ackerlhtt.
Gaudeamushtt.
Ochsenhorn
Loferer Steinberge
Mariastein
Schwoich
Hintersteiner See
Scheffau am Wilden Kaiser
St.Johann in Tirol
St.Ulrich a.Pillersee
St.Jakob in Haus
Angath
Kirchbichl
Bad Häring
Söll
Ellmau
Going
Oberndorf in Tirol
Leogang
WÖRGL
Itter
Hohe Salve
Reith bei Kitzbühel
Kitzbüheler Horn
Fieberbrunn
Hochfilzen
Grießenpaß
Kundl
Niederau
Hopfgarten i.Brixental
Brixen im Thale
Kirchberg in Tirol
Kitzbühel
Bichlalm
Wildseeloder
Grießen
Wildschönau
Mühltal
Auffach
Westendorf
Hahnenkamm
Oberaurach
Spielberghorn
Spielberghaus
Alpbach
Kobingerhtt.
Brechhornhaus
Hochwildalmhtt.
Bischof
Saalbach
Schönleiten
Kelchsau
Schwaigberghorn
Rettenbach
Aschau
Pengelsteinhaus
Jochberg
Saalach
Hinterglemm
Inneralpbach
Kitzbüheler Alpen
Galtenberg
Sonnenjoch
G.Rettenstein
Geißstein
Hochkogel
Schmittenhöhe
Gamskogelhtt.
Salzachgeier
Paß Thurn
Bürglhtt.
Burk
Stuhlfelden
Uttendorf
Steindorf
Piesendorf
Wildkogel
Mühlbach
Mittersill
Salzach
Niedernsill
Kreuzjoch
Neukirchen a.Großvenediger
Bramberg am Wildkogel
Hollersbach i.Pinzgau
Gerlospaß
Wald im Pinzgau
Rosental
Vorderkrimml
Krimml
Gerlos
Speicher Durlaßboden
Gmünd
Hütteltalk.
Breitfuß
Ghf.Edelweiß
Salzburger Htt.
Krefelder Htt.
Schneiderau
Kitzsteinhorn
Zillerkopf
Zittauer Htt.
Krimmler Achental
Thüringer Htt.
Tauernhaus Spital
Fürther Htt.
Tauernkogel
St.Pöltner Htt.
Felbertauern
Häusling
Reichensp.
Krimmler Tauernhaus
Richterhtt.
Plauener Htt.
Kürsingerhtt.
Großvenediger
Matreier Tauernh.
Granatsp.
Rudolfshtt.
Kalser Tauern
Speicher Zillergründl
Warnsdorfer Htt.
Birnlücke
G.Geiger
Defregger H.
Badener Htt.
Eiskögele
Rauchkofel
Dreiherrnsp.
Essener-Rostocker-Htt.
H.Eichham
Kalser-Tauern-H.
Großglockner
Sudetendeutsche Htt.
Stüdlhtt.
Erzh.-Johann-H.
Lucknerhtt.
Prettau
Rötspitze
Bonn-Matreier-Htt.
Prägraten
Glorer Htt.
St.Peter in Ahrn
Löffelsp.
Clarahtt.
Virgen
Zedlach
Matrei in Osttirol
Großdorf
Böses Weibl
St.Jakob in Ahrn
Steinhaus
Klammljoch
Kals
20
24
25
26